我国城镇居民住房可支付能力测算研究

李爱华 著

本书得到中央财经大学第四批创新团队“大数据驱动下的管理决策及关键技术研究”以及国家自然科学基金（NSFC71401188）的部分资助。

科学出版社
北京

内 容 简 介

本书论述住房可支付能力概念和研究现状，对中国城镇居民的住房购买力影响因素进行分析，同时建立静态住房可支付能力和动态住房可支付能力测度方法，并对北京、上海、广州三城市以及中国35个大中城市居民住房可支付能力分别进行实证和对比分析。本书不仅在理论上有重要的创新，而且在研究思路、指标体系构建、模型开发、理论方法、实证分析等方面有若干突破和创新，包括从宏观和微观角度的分析、静态和动态住房可支付能力的测算等，为住房市场各参与方提供一个可以参照的住房可支付能力分析体系。

本书适合研究生、研究机构科研人员及高校教师使用。

图书在版编目（CIP）数据

我国城镇居民住房可支付能力测算研究 / 李爱华著. —北京：科学出版社，2018.5

ISBN 978-7-03-056198-5

Ⅰ. ①我… Ⅱ. ①李… Ⅲ. ①居民–住宅–支付能力–测算–研究–中国 Ⅳ. ①F299.233.5

中国版本图书馆 CIP 数据核字（2017）第 323122 号

责任编辑：方小丽 / 责任校对：严 娜

责任印制：吴兆东 / 封面设计：无极书装

科学出版社 出版

北京东黄城根北街 16 号

邮政编码：100717

http://www.sciencep.com

北京教图印刷有限公司 印刷

科学出版社发行 各地新华书店经销

*

2018 年 5 月第 一 版 开本：720×1000 B5

2018 年 5 月第一次印刷 印张：6 1/2

字数：140 000

定价：68.00 元

（如有印装质量问题，我社负责调换）

前　言

自 20 世纪 90 年代我国住房改革以来，房地产行业在我国迅速发展，大中城市的房价也是一路走高。虽然我国人均收入不断增长，但在大部分地区，收入上涨幅度远远落后于房价上涨幅度，为了解决住房问题，国家及各省（自治区、直辖市）纷纷出台政策调整房地产市场，住房问题成为各方关注的焦点。

住房问题关系国计民生，解决群众住房问题是建设社会主义和谐社会的重要方面之一，我国对城镇居民住房结构的基本制度构想为：高收入家庭住房问题由商品房解决；中低收入家庭住房问题由经济适用房解决；少数低收入家庭住房问题由政府提供廉租房解决。这种构想建立的基础是不同收入的家庭其住房可支付能力也不同，按此构想大多数居民的住房问题基本都可以得到解决。但近几年来，媒体、学术界及房地产业界对城镇居民的商品住房购买力存在各种各样的争议。例如，现在的住房结构和市场价格是否与各收入人群的住房购买力相匹配？保障性住房定价对中低收入家庭是否合理？如何确定中低收入家庭所能接受的住房价格？我国大中城市住房差异性多大？这些问题是值得深入思考的，本书从住房可支付能力的视角研究了这些问题。

本书在分析已有的住房可支付能力理论和经验的同时，不仅注重在理论上有重要的创新，而且在研究思路、指标体系构建、模型开发、理论方法、实证分析等方面有若干突破和创新。

作者开始关注我国城镇居民住房可支付能力的问题起源于 2004 年秋，当时导师成思危先生在关注房地产市场的情况时希望几位博士生分别从开发商的开发成本（供给方）、城镇居民的住房可支付能力（需求方的有效需求）、政府的住房保障政策来分析当前的住房市场，目的是辅助政府部门的有效和理性决策。作者负责城镇居民的住房可支付能力分析部分。在查阅资料以及与各部门负责人多次沟通、研讨之后，作者分析住房可支付能力的思路越来越清晰，也陆续针对住房可支付能力的测算问题取得了一些研究成果，这和导师的鼓励和支持是分不开的，他睿智博学的精神、乐观豁达的态度，一直激励着作者前行，在此表示衷心的感谢。

在本书的撰写过程中，要特别感谢审稿专家的宝贵意见；感谢中国科学院大学汪寿阳教授、石勇教授的传道授业解惑；感谢同门李自然研究员、闫妍副教授、陈红梅副教授在多次讨论中给予的启发；感谢中央财经大学管理科学与工程学院李文斌教授、王优容博士对部分章节提出的宝贵意见；感谢管理科学系金雯、王迪文、吴杰德、黄钰瑛等同学参与实证部分的数据收集工作；感谢研究生莫晴晴等参与部分章节的校对。同时感谢我的先生和女儿，是他们一直以来的支持和鼓励使我完成书稿。

本书的出版得到国家自然科学基金和中央高校基本科研业务费的部分资助，在此一并表示感谢。

李爱华

于中央财经大学

2017 年 10 月

目　　录

第一章　绪　　论

住房可支付能力是一个度量居民可支付能力的指标，更是一把尺子，对于普通民众、开发商和投资者、政府而言有着不同的作用。

相比世界其他国家，中国人对住房有更高的刚性需求。因为对于普遍民众而言，家在中国传统文化中具有独特的地位，而住房则是“家”的载体之一。房价是民众衡量自身购买力的重要指标之一，居民自身购买力能否满足对住房的需求将极大地影响民众幸福指数。

对于开发商和投资者而言，房价的高低和客户的收入情况反映着整个房地产市场的供给和需求因素特征，也是判断市场是否有增长空间的重要指标，两者的关系影响其投资决策，而住房可支付能力反映了两个因素的综合效果。

对于政府而言，其一方面可以通过货币政策和税收政策，合理地调控房地产市场，促进房地产行业稳健良好地运行，这对中国经济的持续增长具有重要意义。另一方面也需要制定合适的住房保障政策，保障中低收入者的住房需求。在当前环境下，应如何客观公平地看待居高不下的房价与人民收入之间的差距？如何判断住房价格的合理区间？如何制定不同收入群体的住房保障政策？本书中关于住房可支付能力的研究，为解决上述问题提供了一定的思路。

中国大中城市之间的居民住房可支付能力水平有着很大的差异，而且住房可支付能力是随着时间动态变化的函数，如何利用动态数据比较不同城市间的居民住房可支付能力是个很重要的学术问题，也是一个很有价值的现实问题。

基于上述背景，本书展开了对居民购买能力的研究。

第一节　研究内容

本书研究内容分为以下几个部分。

（1）通过对国内外有关居民购房能力文献的梳理，分析和阐述了住房购买力定义及相关影响因素。

（2）系统构建了住房可支付能力测算体系，并以北京市历年的数据为基础，从动态、静态两个角度实证研究了住房可支付能力的测算方法和模型，分别是基于消费结构和消费信贷的静态住房购买力测算方法、基于扩展的线性支出系统与消费信贷的静态测算模型，以及动态可支付能力测算方法。

（3）通过对我国 35 个大中城市的房价收入比（housing price to income ratio，PIR）进行测算，从整体层面了解我国大中城市民众的购房能力，分析了不同城市城镇居民购房能力的相似性和差异性。

第二节　研 究 方 法

本书中研究住房可支付能力采用的方法包括文献研究法、定性与定量相结合、实证研究法等。

1. 文献研究法

文献研究法是指根据一定研究目的，通过调查文献来获得资料，从而全面地、正确地了解和掌握所要研究问题的一种方法，被广泛用于各种学科研究中。本书通过对国内外关于居民购房能力分析的文献进行搜集、阅读、整理和归纳，了解与住房可支付能力有关问题的历史和现状，吸取前人的经验并得到本书研究的视角。

2. 定性与定量相结合

在住房可支付能力影响因素分析中，采用了定性分析和定量分析相结合的研究方法。例如，在住房购买力影响因素分析部分主要利用定性的研究方法；在住房购买力测算过程及敏感性分析、不同城市住房可支付能力的横向和纵向比较中主要利用定量研究方法。

3. 实证研究法

实证研究法是指依据现有科学理论和实践的需要提出设计，在自然条件下通过有目的、有步骤的实验设计，根据观察、记录、测定与此相伴随的现象的变化来确定条件与现象之间的因果关系的活动。本书通过实证分析研究了住房可支付能力的敏感性，并对不同城市的住房可支付能力进行了评价，主要目的在于说明各种自变量与住房可支付能力之间的关系。

第二章　住房可支付能力概念及研究现状

本章介绍和分析了住房可支付能力的概念和定义，并对国内外研究现状进行了综述。研究表明，住房可支付能力是各国政府制定住房保障政策的重要指标之一，其概念内涵、测量方法、影响因素等问题已经被越来越多的学者和房地产市场各参与方所关注。

第一节　住房可支付能力概念

住房可支付能力，又称住房购买力。可支付能力的概念起源于19世纪家庭预算研究（Hulchanski，1995），E. 恩格尔于1857年用支出收入比来检验比利时工人家庭住房可支付能力。国内外学者为方便研究提出了一些有代表性的住房可支付能力的概念，对应于各种住房类型、价格和不同收入的居民，住房可支付能力的定义比较广泛。

Robinson 等（2006）将住房可支付能力定义为，一个家庭能够以一定的价格或租金享有住房，在第三方（通常是政府）看来，这种价格或租金不会给家庭带来非合理负担。

Bramley（1992）认为，家庭在支付适当标准住房的租金后，仍有足够的收入而不至于生活在贫穷状态下，则家庭具有住房可支付能力。

Hulchanski（1995）指出，一个家庭以超过一定百分比的收入来获取合适的住房，则存在住房可支付能力问题。

米勒斯等（2003）认为，对于低收入家庭或者中等收入家庭来说，如果该家庭获取一套住房（包括拥有或租住）所支付的费用低于其家庭收入的 30%，一般就认为该家庭是拥有住房可支付能力的。

耿媛元和刘洪玉（1999）对住房可支付能力做出这样的解释，设某家庭要占用一特定水平或档次 j 上的某住房，该家庭 i 月（或年）的家庭收入为 Y_i，该家庭在这段时期内用于住房的消费与家庭收入之比为 α ，而要占用此目标住房所需的月（或年）支出为 C_j，若满足支付能力的关系式为 $\alpha Y_i \geqslant C_j$ 或 $\alpha Y \geqslant C$ ，则表明该家庭对此住房具有支付能力。

Freeman 等（1997）指出住房可支付能力的内涵集中在住房支出与家庭收入之间的关系上，在一定比例标准以上的房屋被视为家庭收入不能承受住房支出。

Burke 和 Ralston（2004）认为住房可支付能力是指在家庭能够支付住房支出的同时又能满足其他基本生活支出的能力。

成思危（1999）也指出，应该从城镇居民的收入、消费水平、消费结构及储蓄方面定量分析住房可支付能力，不能用“有”或“无”简单定义。

综合考虑国内外学者提出的各种关于住房可支付能力的概念，本书所研究的住房可支付能力是指城镇各收入家庭通过期房或存量房市场交易获取（拥有）一套住房的经济承受能力或者货币支付能力（李爱华等，2008）。

第二节　国内外住房可支付能力问题研究

一、国外住房可支付能力问题研究

国外学者主要通过构建和使用计量模型的方法，研究住房可支付能力的概念内涵、测量方法、影响因素等问题。表2.1归纳了1993~2017年部分国外住房可支付能力研究情况。

表 2.1　1993~2017 年部分国外住房可支付能力研究一览表

文献	分类	内容
Kim（1993）	实证；政策	研究了韩国在经济快速发展的大背景下，逐步恶化的住房可支付能力及政府的应对政策
Hulchanski（1995）	概念；实证	提出住房可支付能力的概念及其发展过程，分析研究北美六方面应用的情况，并证明该衡量方法在六方面的有效性和可靠性
Thalmann（1999）	概念；方法	分析发现仅用房价收入比法分析住房可支付能力失掉了很多有用的信息，进一步区分不同家庭住房需求的差异发现超过三分之二的家庭存在住房可支付能力问题，故提出了住房消费指数，结合传统的租金收入比和基于质量的租金收入比，计算市场租金，更精确地区分出需要住房援助的家庭
Rogozhina（2004）	政策；实证	研究了两种政府为改善民众住房需求而提出的抵押贷款补贴计划，并建立了一个使用家庭信息（收入、储蓄和房屋权益）、抵押条件及住房成本（单位价格加各种收盘成本）进行详细计算的会计模型

续表

文献	分类	内容
Moore 和 Skaburskis（2004）	实证；政策	研究了加拿大的住房可支付能力，指出土地租金差异是城市中心和城市其他地区房价差异的原因
Kutty（2005）	概念	提出了住房贫困的概念
Harkness 和 Newman（2005）	应用	研究了住房可支付能力对儿童的影响
Stone（2006a）	方法	研究了结合剩余收入法的住房可支付能力指标测度
Robinson 等（2006）	方法	考虑居民获得住房后是否可以维持的住房可支付能力
Beer 等（2007）	政策	研究了新自由主义政府下低收入家庭的住房困境
Rea 等（2008）	实证；动态	利用住房的成本收入比测算特定时间点的住房可支付能力
Mimura（2008）	概念；扩展应用	用传统的贫困阈值和提出的住房可支付能力衡量家庭经济困难程度，并比较种族之间的差距
Kosareva 和 Tumanov（2008）	应用；实证	研究了俄罗斯 2004~2006 年的住房可支付能力
Gan 和 Hill（2009）	实证	研究了购买负担能力和偿还能力；从整体的收入和房价分布的角度扩展了住房收入比中无数的应用
Fisher 等（2009）	政策；指标更新	在明确住房的价格/租金受其位置影响的基础上，提出了美国面向大都市不同地区不同家庭住房可支付能力的新措施，调整了城镇居民住房可支付能力指数
Abelson（2009）	政策	分析了大多数住房负担能力都是以住房购置成本为基础衡量的，没有考虑家庭选择，研究认为应以实际住房用户成本或租金为基础
Boamah（2010）	政策	研究了加纳的经济适用房的住房可支付能力，评估了加纳经济适用房的交付系统
Pollack 等（2010）	应用	研究了住房可支付能力与重要的健康指标间的相关性，确定这种关联是否因住房权属（租赁与拥有）而不同
Haffner 和 Boumeester（2010）	实证	通过家庭支出收入比，确定租户和房主以及大多数收入群体的住房平均成本上涨程度
Collinson（2011）	实证；动态	对住房负担能力进行了实证研究，利用各种数据来源，分析了 1990~2009 年国家和大都市层面的收入趋势
Suhaida 等（2011）	实证	多变量模型显示了受利率影响的收入和价格间的相互作用，特别是大型劳动力市场和人口对社会出租的供应的重大影响
Bramley（2012）	实证；模型	研究了新西兰房价、支出和住房所有权的模式如何随着时间的推移而变化，提出了个人或夫妇是否可能找到可负担的房屋所有权的模型
Newman 和 Holupka（2014）	实证；应用	研究了住房可支付能力与收入小于等于贫困线以下 200%的家庭中的儿童支出的关系
Baker 等（2015）	方法	分析了住房可支付能力的衡量标准、两个不同群体的特点和住房负担能力问题的城市集中性
Bentley 等（2016）	实证；应用	研究了住房可支付能力与个人心理健康间的关系
Revington 和 Townsend（2016）	实证；应用	利用剩余收入法确定两个家庭配置（夫妇与子女和无子女的夫妇）可支付的租赁住房低于中位数收入的两个类别，分析了加拿大最廉价和最昂贵的主要大都会住房市场的租金分布
Minchenko 和 Nozdrina（2017）	实证；动态	研究了俄罗斯在 2008~2014 年两次危机期间购买房屋所有权的住房可支付能力动态，对使用不同方法的住房可支付能力评估结果进行了比较分析

Hulchanski（1995）使用房价收入比衡量住房可支付能力，并用北美数据研究住房可支付能力在家庭支出、消费趋势、政府公共住房的准入资格和住房补助水平、住房需求的政策、预测家庭支出房租或贷款的能力、租房或抵押贷款的条件这六方面的应用和相互影响。Robinson 等（2006）讨论了住房可支付能力的概念，检验了一些衡量住房可支付能力的方法，认为住房支出收入比法既适用于租房家庭也适用于购房家庭，给出了衡量住房可支付能力的住房支出收入比的计算公式，但也指出住房支出收入比法存在一些缺陷。Mimura（2008）研究了美国低收入家庭的住房成本负担、贫困状况和经济困难对家庭住房可支付能力的影响，指出贫困状况比住房成本负担更能解释美国低收入家庭的住房可支付能力，而且在低收入家庭中，黑人家庭比白人家庭、西班牙裔家庭的住房可支付问题更严重。

20 世纪 90 年代，房价收入比方法普遍应用在住房可支付能力分析中。Yamada（1999）运用房价收入比方法比较了英国和日本的住房可支付能力问题，指出自有住房的比例在增加，但仍存在住房可支付能力问题，并且住房可支付能力问题越来越严重。Smith（1999）研究了美国住房政策的起源、功能和性能及住房政策对居民住房可支付能力的影响。Thalmann（1999）指出仅用房价收入比法分析住房可支付能力失掉了很多有用的信息，进一步区分不同家庭住房需求的差异，发现超过三分之二的家庭存在住房可支付能力问题，故房价收入比不能准确地衡量不同住房需求家庭的住房可支付能力。Hancock（1993）指出房价收入比方法过于简单，从经济学原则来看，使用剩余收入法比房价收入比方法更加符合逻辑。21 世纪初，剩余收入法开始被用来测度住房可支付能力。Stone（2006a）使用剩余收入法来研究住房可支付能力，指出剩余收入法迟早会挑战传统的比率式的住房可支付能力的测量方法。他还指出传统的比率法对于衡量住房可支付能力来说存在缺陷，而支持率较高的代替方法是剩余收入法，剩余收入法强调收入、住房成本和基本生活费用之间的相互作用，借鉴了美国的经验来制定英国基于剩余收入法的住房可支付能力标准，并用其衡量英国的住房可支付能力。

Kim（1993）研究了韩国的住房可支付能力问题，认为社会经济压力、政府调控房价无能导致了韩国的住房可支付能力问题。Hegedüs 等（2004）研究了布达佩斯和莫斯科两个城市的住房可支付能力问题，指出家庭收入、储蓄、房屋净值、贷款条件及住房成本等都会影响居民的住房可支付能力，认为政府提供抵押贷款补贴和首付款补助等措施有利于改善中等收入家庭的住房购买力。Moore 和 Skaburskis（2004）普查了加拿大的住房可支付能力，指出土地租金差异是城市中心和城市其他地区房价差异的原因，并指出租金水平严重影响了低收入家庭的住房可支付能力。Harkness 和 Newman（2005）研究了住房可支付能力对儿童健康的影响，通过对美国的调查问卷分析，认为贫困家庭为了住房支出会减少其他生活消费，从而对儿童健康造成影响。Pollack 等（2010）以美国为例，研究了住房可支付能力与重要的健康指标间的相关性，确定这种关联是否因住房权属（租赁与拥有）而不同，并指出针对租户和房主的住房负担能力计划可能是改善健康的重要手段。Collinson（2011）研究分析了国家层面和大都市租赁住房的负担能力动态，利用各种数据来源，分析了 1990~2009 年国家和大都市层面的收入趋势，描述了 1990~2009 年的租金趋势，以及以租金负担和负担得起的供应缺口为衡量标准，考察了租赁住房负担能力的趋势。Minchenko 和 Nozdrina（2017）讨论了俄罗斯在 2008~2014 年两次危机期间购买房屋所有权的住房可支付能力动态，对使用不同方法的住房可支付能力评估结果进行了比较分析，构建了俄罗斯住房可支付能力指数，并估计了可支付住房的人口比例，以及有机会购买标准住房的家庭比例。

联合国和部分国家政府比较重视住房可支付能力，每年都会编写和分析住房可支付能力报告，统计和描述国家各个城市或者地区间的住房可支付能力情况，并提出相应的政策建议。

二、国内住房可支付能力研究现状

1998 年 7 月，国务院发布《国务院关于进一步深化城镇住房制度改革加快住房建设的通知》，宣布从当年下半年开始停止住房实物分配，逐步实行住房分配货币化。因此我国国内对住房可支付能力的研究起步比较晚，大约从 21 世纪初开始，主要是学习和借鉴国外的住房可支付能力报告。目前国内对住房可支付能力的内涵界定、影响因素及构建模型和运用计量方法研究住房可支付能力问题的研究较少，研究方向大体可以分为三类。

第一类是研究住房可支付能力的内涵及其影响因素等。例如，李爱华等（2006）提出了住房可支付能力的概念，研究了家庭收入、房价、房地产金融、消费结构等因素如何影响我国城镇居民家庭住房购买力。郝前进和周仁（2008）详细介绍了国外常用的研究居民住房可支付能力的方法和指标，如房价收入比法、住房消费占收入比例、剩余收入法、可支付住房的供给总量。李进涛等（2009）运用文献法和归纳法，详细介绍了国外对住房可支付能力概念的界定、测量指标、影响因素、低住房可支付能力带来的后果以及提高住房可支付能力的对策等研究成果。

第二类是学习和借鉴国外用于衡量住房可支付能力的测量指标，基于这些指标，运用实际数据进行实证分析，以衡量我国各地区各收入阶层的住房可支付能力问题，判断我国的房价是否合理并提出政策建议。例如，杨文武（2003）介绍了房价收入比的定义、特征及房价收入比在我国的研究现状，指出房价收入比在衡量住房可支付能力方面存在较多争议。李伟（2004）认为房价收入比不能衡量整体居民的住房消费水平，认为应该细分房价、收入后，再对居民的住房可支付能力进行研究。向肃一和龙奋杰（2007）介绍了住房支付能力、房价收入比、住房可支付性指数（housing affordability index，HAI）的概念，结合房价收入比和住房可支付性指数计算我国34个主要城市的住房可支付能力并进行排序。夏刚等（2008）基于我国住房供应体系，构建了剩余收入法分析框架，并以我国2005年城市不同收入水平家庭的数据为基础进行实证分析，结果表明中低收入家庭对应的住房供给不足，低收入家庭面临住房可支付问题，需要政府扶持解决住房问题。周仁等（2010）指出传统房价收入比和月付收入比指标难以衡量收入结构和住房供给结构对住房可支付能力的影响，结合剩余收入法和供需不匹配发现2000~2007年上海居民住房可支付能力有不断恶化的趋势，认为住房价格的快速上涨、贫富差距的逐步扩大和住房户型结构供给的不合理是上海市住房可支付能力恶化的重要原因。胡晓龙和王雪珍（2012）基于剩余收入法，以上海市为例，结合2006~2010年数据研究了大城市夹心层群体租房的可支付能力，实证结果表明大城市夹心层群体不能承担基本的住房消费，而且租房可支付能力呈现明显恶化的迹象，建议政府积极发展公共租赁房来解决夹心层群体的住房问题。

第三类是构建衡量住房可支付能力的数学模型，使用计量方法研究我国的住房可支付能力问题。李爱华等（2008）建立了预测城镇居民可支付收入的向量自回归（vector autoregression，VAR）模型，在该模型的基础上构建北京市城镇居民动态购买力测算模型，并指出如果家庭收入的增长速度与平均可支配收入增长水平一致，那么北京市城镇居民的住房可支付能力在不断增长。李爱华和宿洁（2010）基于扩展线性支出系统（extend linear expenditure system，ELES）构建我国城镇居民的静态购买力测算模型，通过基于扩展线性支出系统模型测算北京市不同收入水平家庭的住房购买力，与保障性住房价格比较，分析保障性住房价格和所保障居民购买力是否匹配。洪涛和靳玉超（2014）以住房可支付性指数为因变量，以住房价格、家庭收入、贷款利率、家庭消费等为自变量，构建以住房可支付性指数衡量住房购买力的多元线性回归模型，研究家庭收入、住房价格、贷款利率等对住房可支付能力的影响。施建刚和颜君（2015）提出了新的住房可支付能力测算方法。在房价收入比指标的基础上，以“首付+月付”的维度，将四种不同的支付能力状态作为四象限，构建了住房支付能力象限（housing affordability quadrants，HAQ）模型，并以我国35个大中城市为例进行模型测算，其结果与房价收入比有可比性，内涵更丰富。

第三章　中国城镇居民的住房购买力影响因素分析

如前所述，住房问题关系国计民生，解决群众住房问题是建设社会主义和谐社会的重要方面之一。在我国的住房改革政策中，曾提出过这样的构想：高收入、中高收入及中等收入的家庭住房问题由商品房解决；中低收入家庭住房问题由经济适用房解决；少数低收入家庭住房问题由政府提供廉租房解决。其中，经济适用房和廉租房均为保障性住房。这种构想建立的基础是不同收入的家庭其住房可支付能力也不同，按此构想大多数居民的住房问题基本可以得到解决。

我国自 1998 年实施房改以来，城镇化和人口增长等给城镇带来了大量的人口，居民收入增加，同时也存在改善住房的需要，这些都为城镇带来大量的住房需求。但是我国住房市场存在一些突出问题，如商品房价格上涨过快，房地产开发投资增速加快，但许多城镇居民又买不起房，也出现了一些“鬼城”，城市住房空置率很高。我国的房地产市场存在颇多争议：房价是否与各个收入群体相匹配？住房供给结构是否合理？经济适用房是否与中低收入家庭收入相符合？

我国进行住房改革后，目前面临的问题为住房价格一路攀升与居民收入增长相对滞后的矛盾。一方面，这与住房金融政策的支持、人们的购买力和宏观经济增长相关，另一方面，中低收入家庭对攀升的房价望而却步。城镇居民已逐渐接受通过信贷购买住房，当前如何衡量不同收入城镇居民的购买力是一个很重要的问题。住房购买力，又称住房可支付能力。针对各种住房类型、价格和不同收入的城镇居民，住房购买力的定义比较广泛。有的学者认为，对某特定收入人群，如果获取一套住房（包括拥有或租住）所支付的费用低于其家庭收入的一定比例，就认为该家庭是拥有住房可支付能力的。成思危（1999）指出住房可支付能力是不能用“有”或“无”来简单定性判断的，应该从城镇居民的收入、消费水平、消费结构以及储蓄方面进行定量分析。本书所研究的住房购买力是指城镇各收入家庭通过期房或存量房市场交易获取（拥有）一套住房的经济承受能力或者货币支付能力。

很多住房问题出现的原因是没有真正了解我国城镇居民的住房购买力，理解我国城镇居民的住房购买力有利于政府控制房价的合理增长，有利于房地产开发商定位目标市场，调整住房市场的住房供给结构，有利于政府为解决中低收入家庭住房问题制定切实可行的住房保障制度，因此分析城镇居民住房购买力的影响因素，进而发现这些因素如何影响城镇居民住房购买力至关重要。收入、房价、住房制度、住房金融政策、消费习惯从不同的方面影响居民可支付能力，本章将从住房购买力的影响因素入手，逐步分析这些因素如何影响我国城镇居民的住房购买力，进而对我国住房问题的解决提出建设性的建议。

第一节 收入对住房购买力的影响

无论是从西方消费经济论出发，还是从我国的实证研究出发，居民的收入是居民进行消费的前提条件，因此收入也是居民住房消费的前提条件。居民收入由工资性收入、转移性收入、资本性收入、经营性收入、其他收入这五类构成，可将除工资性收入外的四部分收入归为隐性收入。

按收入细分，家庭可以分为低、中低、中等、中高、高收入家庭，“平均收入”表示所有家庭的平均收入；用$\Omega_2=\{1,2,3,4,5,6\}$表示家庭收入水平，1表示平均收入，2~6 分别表示低、中低、中等、中高、高收入家庭。根据住房抵押贷款中的假定，家庭月收入为m_i，隐性收入因子为ε_i，月还款额占家庭月收入的比例为w，贷款年限为n年，贷款年利率为r，首付率为x，该收入水平的家庭住房购买力为P_i。根据等额还款原理有

$$(1-x)\times P_i\times\left(1+\frac{r}{12}\right)^{12n}=wm_i\left(1+\varepsilon_i\right)\times\frac{\left(1+\frac{r}{12}\right)^{12n}-1}{\frac{r}{12}} \tag{3.1}$$

则该收入水平家庭的住房购买力为

$$P_i=wm_i\frac{\left(1+\varepsilon_i\right)}{1-x}\times\frac{1-\left(1+\frac{r}{12}\right)^{-12n}}{\frac{r}{12}} \tag{3.2}$$

从式（3.2）可以看出，该收入水平家庭的住房购买力是该家庭月收入的增函

数，也是隐性收入因子的增函数。

$$\frac{\mathrm{d}P_i}{\mathrm{d}m_i}=w\frac{1+\varepsilon_i}{1-x}\times\frac{1-\left(1+\frac{r}{12}\right)^{-12n}}{\frac{r}{12}} \tag{3.3}$$

从式（3.3）可以看出，当家庭月收入增加 1 单位时，该收入家庭住房购买力增加

$$w\frac{1+\varepsilon_i}{1-x}\times\frac{1-\left(1+\frac{r}{12}\right)^{-12n}}{\frac{r}{12}}$$

若月还款额占家庭月收入的比例 w、贷款年限 n 年、贷款年利率 r、首付率 x 都不变，那么隐性收入因子 ε_i 越大，家庭月收入增加使该家庭住房购买力增大，即家庭收入越高，则该家庭的住房购买力就越强。

住房不是公共物品，政府并不能为所有居民解决住房问题，绝大多数家庭都是依靠房地产市场来解决住房问题的。可见，提高城镇居民的收入是提高城镇居民住房购买力、解决城镇居民住房难问题的必要途径。从式（3.2）可以看出，不同收入水平家庭的住房购买力不同，调整当前的房地产市场的供给结构，提供适量与各收入水平家庭的住房购买力相适应的住房能够有效缓解城镇居民住房困难问题，让能够承担得起相应房价的居民有房可住。

家庭收入影响因素则是个庞大的研究内容，也是经济学者关注的内容之一。从宏观来讲，收入主要和一个国家经济发展阶段和宏观经济形势息息相关，也和该家庭所在的城市经济发展状况密不可分，如经济增长水平、固定资产投资、产业结构等。从微观来讲，收入和家庭成员的构成有关系，如家庭成员的教育水平、工作经验、所从事的行业、性别等因素。另外，家庭收入还和国家的制度因素有关系，如分配制度、社会保障制度、税收制度、金融监管制度等。

第二节　房价对住房购买力的影响

商品住房购买力是指城镇各收入家庭通过期房或存量房市场交易获取（拥有）一套住房的经济承受能力或者货币支付能力，而房价高低直接决定居民的住房购买力是否足以买得起一套住房。房价高低直接影响城镇居民购买或租赁房屋

的能力。房价与相应城镇居民购买力越贴近，城镇居民的住房问题越好解决。城镇居民存在住房购买力问题是指房价严重偏离居民的住房购买力。

房地产市场可以细分为期房市场和存量房市场。这里用 p_1 表示期房单位面积价格，$\left(s_1\right)_k$ 表示期房每套面积，期房面积 $\Psi_1=\left\{80\mathrm{m}^2,120\mathrm{m}^2,140\mathrm{m}^2,160\mathrm{m}^2\right\}$。$p_2$ 表示存量房单位面积价格，$\left(s_2\right)_k$ 表示存量房每套面积，存量房面积 $\Psi_2=\left\{60\mathrm{m}^2,80\mathrm{m}^2,120\mathrm{m}^2\right\}$。

根据等额还款原理，得到相应收入水平家庭的住房购买力为

$$P_i=wm_i\frac{\left(1+\varepsilon_i\right)}{1-x}\times\frac{1-\left(1+\frac{r}{12}\right)^{-12n}}{\frac{r}{12}} \tag{3.4}$$

将 P_i 与 $p_1\times\left(s_1\right)_k$、$p_2\times\left(s_2\right)_k$ 进行对比，观察期房市场与存量房市场是否与各收入水平家庭的住房购买力相匹配。由于房价主要由单位面积房价和房屋面积两部分构成，为了符合各收入水平的住房购买力，可以适量减少房屋面积以降低总房价，从而提供符合各收入水平家庭的住房购买力的住房，解决城镇居民住房困难问题。

总体来看，房价可分为三大块。第一块是项目的总投资成本，包括土地费用、前期工程费、基础设施建设费、建筑安装工程费、公共配套设施费、开发间接费用、不可预见费用、财务费用、管理费用、销售费用、其他费用。第二块是应交税金，主要包括经营税金及附加、土地增值税、所得税。第三块是项目的净利润。

一般来说，为保证住房的质量，项目总投资成本一般是很难减少的。降低房价的两个突破口是净利润和税金，采取何种措施让房地产商让利或是让政府让利，是政府在解决城镇居民住房问题时值得考虑的问题。下面从需求和供给两个方面分析影响房价的因素。

一、影响需求的因素

1. 人口因素

人口数量：房地产的需求主体是人，因此一个区域的人口数量大小对房地产市场价格有着很大的影响。一般认为人口数量从以下两方面影响房地产价格：第一，人口数量增多提高了对商品房的直接需求；第二，人口数量的增多可能会刺激商业、服务业等发展，提高社会劳动生产能力，从而促进经济发展，提高商品

房价格。

人口密度：人口密度对房地产需求也有不小的影响。一方面，人口密度增大，导致人们对房屋需求增加；另一方面，人口密度过大可能导致城市生活环境恶化，人们的生活质量下降，从而使人们对房屋的需求下降，对房价上涨起抑制作用。

2. 经济因素

人均社会生产总值：生产总值是反映一个地区在一定时期内物质生产总成果的重要指标，它衡量了一个社会的经济发展繁荣程度，一般情况下，社会蓬勃发展，人们对房地产的需求便会提升，从而导致房价上升。

人均可支配收入：随着人均可支配收入的增加和生活水平的提高，人们对住房的需求会增加，从而导致房价升高，进而影响居民可支付能力。一般认为人均可支配收入从两方面影响房价：第一，人均可支配收入的提高促进整个社会经济发展，城市经济发展表明城市投资、生产、经营活动活跃，对厂房、商场、写字楼等各种房地产产品的需求增加，从而引起整个房地产价格的上涨。第二，人均可支配收入提高后，人们对住房数量、居住条件有更多更高的要求，边际消费需求提高，从而带动房地产有效需求增加，使房价上升。

失业率：通常情况下，当人们失业时则失去经济来源，没有稳定的收入，会导致人们对房屋的需求减少，一个城市的失业率过高会导致城市的房地产需求低迷，从而使房价低迷。

3. 房产税

房产税是指以房屋为征税对象，以房屋的计税余值或租金收入为计税依据，向产权所有人征收的一种财产税。为抑制房价过快上涨，保障居民的切身利益，2010 年，国家发展和改革委员会发布的《关于 2010 年深化经济体制改革重点工作的意见》提出逐步推进房产税改革，希望能通过征收房产税以稳定房价。2011 年开始在重庆、上海进行试点。重庆试行的房产税是对存量和增量的独栋商品房住宅，以及个人高档住房征收房产税，但是只针对新购的高档住房。高档住房建筑面积交易单价在上两年主城九区新建商品住房成交建筑均价 3 倍以下的税率是 0.5%，3~4 倍的税率是 1%，4 倍以上的税率是 1.2%，以房产交易价为征税依据①。上海试行的房产税征收对象是本市居民家庭在本市新购且属于该居民家庭第二套及以上的住房和非本市居民家庭在本市新购的住房，适用税率暂定为 0.6%。应税住房每平方米市场交易价格低于本市上年度新建

① http://www.cq.gov.cn/publicinfo/web/views/Show!detail.action?sid=1032662. 重庆市人民政府令第 247 号。

商品住房平均销售价格 2 倍的，税率暂为 0.4%[①]。计税依据参照应税住房的房地产市场价格确定的评估值，评估值按规定周期重估。房产税对购房者的需求会产生一定的影响。

4. 需求者心理预期

在信息不对称的房地产市场上，心理预期对房价的影响非常大。需求者的心理预期反映了需求者对房地产市场未来趋势的一种判断。需求者根据自身的心理预期做出行为反应，心理预期影响需求者的买房行为，对房价造成影响。从国内外近些年来的房地产泡沫上可以看出心理预期对房价的重要影响。通常情况下，房价上涨，需求量就会减少，但加入预期因素后，人们预期未来房价会继续上涨，导致当期房地产需求增加，进一步促进房价上涨。人们对房地产价格的预期中有理性预期，也有非理性预期，每个人的理性预期和非理性预期不尽相同，这导致了对消费者预期的研究存在极大的不确定性，很难量化该指标。故在后续的计量实证分析中，考虑到心理预期和其他指标变量密切相关，便用其他指标代替这一变量，不会对分析产生太大的影响。

5. 其他因素

中国是一个具有悠久历史的国家，有着独特的传统文化和家庭观念。例如，有些父母会为孩子买房付出一生的积蓄；丈母娘会要求未来的女婿买房作为结婚的前提条件；等等。这些因素很难被量化，却的的确确在影响着住房需求。

二、影响供给的因素

1. 成本因素

成本上升导致房价上升的机制显而易见，构成房地产开发成本的因素很多，主要分为以下几类。

土地费用：在房地产开发的成本中，购买土地的费用最高，一般城市的土地购买费用占房地产开发成本的 30%左右，而北京市作为国内一线大都市，又是首都，其土地购置费用约为房地产开发成本的 4~5 成。土地价格对整个商品房的成本起决定性作用。

建筑安装工程费用：建筑安装工程费是指房地产开发企业向建筑施工企业支付的建筑房屋的费用，又称建筑工程造价，具体包含直接耗费在建筑安装工程上

---

① 上海市人民关于印发《上海市开展对部分个人住房征收房产税试点的暂行办法》的通知，沪府发〔2011〕3 号。

的各种费用、在建筑安装施工过程中施工企业为组织管理施工和生产提供服务的费用等。一般来说，其占房地产成本的30%。

税费及其他：在房地产商注册登记、建造、销售房屋过程中需要缴纳各种税费，如营业税、城建税、教育费附加、土地增值税、房产税、印花税、企业所得税、个人所得税及契税等，缴纳部门也不尽相同。因此房地产商生产经营时，需要在多个行政部门注册登记、缴纳税费才能正常营业，烦琐的手续和多样的税费增加了房地产商的开发成本。同时，房地产商在经营时还需要支付各项水电费、雇用工人工资等费用。这些费用都构成了房地产开发的部分成本。

2. 房地产商数量

房地产市场上的房地产商数量在一定程度上决定了这个市场的供给情况，它的多寡会影响到房地产价格。房地产商多则竞争激烈，导致价格下降，少则容易形成垄断，导致价格抬高。

3. 房地产开发投资额

房地产开发投资每年在社会固定资产投资中都占有很大比例，每年完成的房地产开发投资额对每年房地产供应量起到决定性作用。例如，投资额高，房地产商对房地产开发的力度加大，使供给增多。

4. 房地产开发面积

房地产开发供给面积来源于开发商拥有的房屋存量和开发量。开发面积增多，导致市场上供给增多，进而使房价下跌。可以用下面四个指标来衡量房地产开发面积。

施工面积，即报告期内施工的房屋建筑面积，包括本期新开工面积和上年开发跨入本期继续施工的房屋面积，以及上期已停建而在本期复工的房屋面积。

竣工面积，即房屋按照设计要求已全部完工，达到入住和使用条件，经验收鉴定合格（或达到竣工验收标准），可正式移交使用的房屋建筑面积总和。

销售面积，即全年所有购房者所购买的套内建筑面积，以及应分摊的公用建筑面积的总和，它衡量了一个区域的房地产销售状况。

空置面积，即报告期末已竣工的可供销售或出租的商品房屋建筑面积中，尚未销售或出租的商品房屋建筑面积，包括以前年度竣工和本期竣工的房屋面积。空置面积对房价的影响表现在两个方面：一方面，空置房屋越多，表明开发商所拥有的房屋存量越多，供给越多，理论上房价下降；另一方面，商品房空置率高，会影响到开发商对未来房价的预期，同时导致更高的成本，造成资源浪费，开发商便会将空置成本转移给消费者，使房价抬高。

三、可同时影响需求和供给的因素

1. 金融因素

房地产业是资本密集型行业，无论其需求还是供给都深受金融环境影响。具体分析中，一般选取利率和储蓄存款两个指标。

（1）利率。利率是指一定时期内利息和本金的比率。利率对需求者的影响机制为：房屋作为高价消费品，普通的需求者需要贷款才能够买房，贷款利率的高低就影响到买房者在支付购房本金外还需要额外支付的利息的多少，进而影响需求者的买房需求。利率对供给者的影响机制为：企业投资房地产需要巨额资金，一般企业都需要从银行借贷部分资金来完成投资，通常贷款数额都是非常巨大的。贷款利率的高低直接影响着企业为这笔高额贷款所支付的利息的多少，进而影响企业的计划投资额，从而影响开发商的房地产供给，故利率同时压低房地产的需求和供给，但是其对房价的最终影响还不确定，需要进一步实证分析。

（2）储蓄存款。许多国外文献中研究了房地产价格波动与储蓄之间的关系。随着收入水平增加，人们拥有的个人储蓄也会增多，多余的储蓄可用于投资，而中国目前的金融市场尚不完善，金融投资工具品种贫乏，而通货膨胀又使人们持有的现金价值降低，人们急需要一种保值工具来应对通胀。房地产产品具有易了解易保值的特点，人们会倾向于把储蓄投资到房地产市场中，坐等房屋升值，因此导致需求上涨。而企业则会将其拥有的储蓄运用到房地产投资中，导致供给增多。

2. 政策因素

政府可以通过计划、规划、管理三方面对房地产业进行调控。计划包括土地计划、开发建设计划、市政配套计划、旧城改造计划、供给结构计划、金融计划等。规划包括国土规划、区域规划、土地利用总体规划、城市规划等。管理包括对房地产的产权产籍、企业资格、开发审批程序、从业人员资格等进行监督管理，通过加大调控力度限制房地产商的开发。从2010年起，很多城市相继出台了住房限购令，这一规定有效限制了投资者、投机者购买两三套房的需求。该因素无法进行量化分析，本书将不对其进行定量分析。

3. 替代品市场因素

这里所说的替代品市场主要是指房地产租赁市场和二手房交易市场。人们选择买新房、二手房，或者租房，一个重要的参考因素就是租售价格对比。新房市场、二手房市场、租赁市场相互之间是替代品市场。在其他因素相同的情况下，当房地产租房市场价格降低时，人们可能倾向于从新房市场退出，选择租房；在其他因素相同的情况下，当二手房市场价格降低时，人们可能选择购置二手房而放弃购置新房。

4. 自然因素

影响房地产价格的自然因素主要包括位置、地质、地势、地形、土地面积、土地形状、日照、通风、温度、建筑的朝向及结构、建筑的外观、施工质量、内部格局、天然周期灾害、设备等。这些因素当中，最重要的是位置，它不仅决定住房的自然因素如地质、地形、温度等，也决定住房周边的经济环境和交通条件，所以位置是购房者普遍关注的焦点，是需求者购房时参考的重要标准，也是房地产商强调房产价值的原因所在。

5. 环境因素

环境因素并非房地产自身条件，却又对其价格有较为重要的影响。其主要是指房地产周围环境情况，如噪声大小、空气状况、视觉、卫生情况等，还包括存在于房地产周围与该房地产有着多种联系并且直接影响房地产开发和利用效益的各种物质设施，包括医院、商场、学校、园林、道路交通及各种公共设施。例如，北京不同区域的房价呈现出较大差异，学区房的影响尤为突出。

6. 社会因素

影响房地产价格的社会因素包括政治安定状况、社会治安程度、道德风尚、公民素质、信息交流与沟通、城市立法和管理措施等。

7. 其他因素

除了上述几个方面之外，其他可能影响房地产供给或需求的因素还包括国际因素、偶然因素等。

综上所述，可以归纳出影响城市房价的因素主要有人口数量、人口密度、人均社会生产总值、人均可支配收入、失业率、房产税、需求者心理预期、土地费用、建筑安装工程费用、税费及其他、房地产商数量、房地产开发投资额、施工面积、竣工面积、销售面积、空置面积、利率、储蓄存款、政府政策、替代品市场、自然环境、社会环境及其他因素。这些因素通过影响房价，进而影响居民住房购买力。

第三节 住房制度因素对住房购买力的影响

作为我国经济体制改革的一项重要内容，住房制度改革是指对传统的福利分房制度进行变革，建立起符合市场经济机制的住房体制，实现住房的商品化和社会化。回顾我国改革开放几十年的历程，住房制度改革及其对与此密切相关的房地产行业的影响和意义远远超出经济范畴。

与其他各项改革一样，住房制度改革也是在探索中不断前进，在调整中逐步展开的。根据相关重大决策出台以及实践中执行的效果，我国住房制度改革大体上经历了三个阶段：1978~1988 年为探索试点阶段；1988~1998 年为全国逐步推开和深化阶段；1998 年至今为实行住房分配货币化，建立住房保障制度阶段。

目前我国三种主要的住房制度是指针对低收入人群的保障性住房制度、针对中等收入家庭的公共住房和公共租赁住房制度和针对高收入人群的商品住房制度。从现实情况来看，我国住房保障措施主要有以下内容：一是住房公积金，二是住房货币补贴，三是经济适用房，四是廉租房，五是两限房。

科学合理的住房保障制度和住房保障措施，有助于提高居民住房可支付能力，进而解决居民住房问题。住房公积金制度的实质是政府为维护居民的基本住房需要而推行的一种强制性储蓄制度，其基本原理是凡是有薪金收入的人都必须按一定比例将薪金的一部分缴存于住房公积金管理机构，管理机构负责该项资金的收缴、经营和归还。雇员在产生与住房有关的支出时可申请使用该项基金。

经济适用房是指具有社会保障性质的商品住宅，它是根据国家经济适用住房建设计划安排建设的，是由国家统一下达计划、用地实行由地方政府行政划拨方式，免收土地出让金，对各种经批准的收费实行减半征收，出售价格按保本微利的原则确定，具有经济性和适用性的特点。根据建设部等七部门印发的《经济适用住房管理办法》①，经济适用住房是指政府提供政策优惠，限定套型面积和销售价格，按照合理标准建设，面向城市低收入住房困难家庭供应，具有保障性质的政策性住房。这里的城市低收入住房困难家庭是指在城市和县人民政府所在地镇的范围内，家庭收入、住房状况等符合市、县人民政府规定条件的家庭，即市县政府规定了收入低于某一个标准、住房困难和资产标准三个准入条件。

① http://www.mohurd.gov.cn/wjfb/200712/t20071201_157795.html.

廉租房是指政府以租金补贴或实物配租的方式，向符合城镇居民最低生活保障标准且住房困难的家庭提供社会保障性质的住房。廉租房的分配形式以租金补贴为主，以实物配租和租金减免为辅。根据住房和城乡建设部、财政部、国家发展和改革委员会联合印发的《关于公共租赁住房和廉租住房并轨运行的通知》（建保〔2013〕178 号）的规定[①]，从 2014 年起各地公共租赁住房和廉租住房并轨运行，并轨后统称为公共租赁住房。

两限房全称为限房价、限套型普通商品住房，也被称为“两限”商品住房，是指经城市人民政府批准，在限制套型比例、限定销售价格的基础上，以竞地价、竞房价的方式，招标确定住宅项目开发建设单位，由中标单位按照约定标准建设，按照约定价位面向符合条件的居民销售的中低价位、中小套型普通商品住房。

城镇居民中的中低收入家庭和低收入家庭无力购买商品房，主要依靠政府提供的经济适用房和廉租房解决住房问题。但是住房保障覆盖面窄、供给规模小、分配过程不透明、房价高、建筑质量差及市政配套设施不健全等，影响了住房保障效果。如果分配环节监管不到位，大量应该享受住房保障的家庭没有被纳入住房保障体系则会被迫推向市场，这既加重了低收入家庭的生活负担，又人为地扩大了房地产市场需求，加剧了供求矛盾。

第四节　住房金融对住房购买力的影响

住房金融概念具有广义和狭义之分，其区别主要在于融资对象。广义的住房金融的融资对象既包括住房生产主体也包括住房消费主体，而狭义的住房金融的融资对象主要包括住房消费主体，不包括住房生产主体。住房金融也可分为生产性住房金融和消费性住房金融两大类，我国现行的房地产开发企业贷款、建筑企业流动资金贷款属于生产性住房金融，个人住房抵押贷款、住房公积金贷款属于消费性住房金融。

消费性住房金融是我国住房金融的主要内容，住房抵押贷款是消费性住房金融支持的主要方式。住房抵押贷款以房地产抵押为条件，以融通资金为目的，一旦债务人不能按期偿还本金和利息，债权人有权依照法律处置作为抵押物的住房，从而收回贷款本息。由于收入和房价的限制，我国绝大多数家庭无法通过收入和储蓄一次性付清全部房款，住房抵押贷款解决了上述问题，促进了我国住房

① http://www.mohurd.gov.cn/wjfb/201312/t20131206_216468.html.

市场的发展。家庭在首次购房时，只需首次支付房价的一定比例，通常是 20%或 30%，其余房款通过向银行抵押住房获得住房贷款，在一定年限内（一般为 15~30 年）偿还银行贷款。根据住房抵押贷款中的假定，家庭月收入为 m_i ，隐性收入因子为 ε_i ，月还款额占家庭月收入的比例为 w，贷款年限为 n 年，贷款年利率为 r，首付率为 x，该收入水平的家庭住房购买力为 P_i 。

根据等额还款原理有

$$P_i = wm_i \frac{\left(1+\varepsilon_i\right)}{1-x} \times \frac{1-\left(1+\frac{r}{12}\right)^{-12n}}{\frac{r}{12}} \tag{3.5}$$

可见，在其他条件不变的情况下，贷款年限越长、贷款年利率越低、首付率越低，各收入水平家庭的住房购买力越强。

住房抵押贷款具有期限长、贷款额度大等特点。住房抵押贷款期限长，与金融机构的流动性偏好存在差异，这会对提供住房抵押贷款的商业银行造成流动性风险。住房抵押贷款的利率形式包括固定利率、浮动利率和混合利率，固定利率和浮动利率是目前常用的两种方式，由于利率的变动，当存款利率上升到高于住房抵押贷款利率时，商业银行需要向存款者支付较高的存款利率，向住房抵押贷款者收取较低的还款利率。另外，住房贷款利率水平的上下限对住房可支付能力也有影响。住房抵押贷款者有可能无法偿还本息，给银行造成违约风险。当贷款者无法偿还本息时，银行对抵押住房进行拍卖。一般而言，固定利率的住房抵押贷款风险较大。

我国提供住房抵押贷款的主要是商业银行，商业银行提供住房抵押贷款也要进行风险管理，因而并不是所有人都能申请到住房抵押贷款，需要以所购住房作为抵押，且月收入超过月还款额的一定倍数。商业银行会选择为还款比较有保证的高收入群体提供贷款，直接或变相拒绝中低收入者的贷款申请。高收入群体由于本身收入较高，又得到住房金融支持，从而住房可支付能力得到进一步提升。低收入群体收入低，从银行风险防范的角度来看，可能会得不到住房金融支持，因而导致低收入者的住房可支付能力进一步恶化。

适当的住房金融支持能够提高住房可支付能力，过度的住房金融支持可能会恶化低收入群体的住房可支付能力。为缓解住房可支付能力问题，一方面要调整收入结构和稳定房价，另一方面要在控制风险的同时提供适当的住房金融支持，提供差别化的住房信贷，让中低收入者也能获得金融支持，提高中低收入者的住房可支付能力。

第五节　家庭消费对住房购买力的影响

家庭消费又称居民消费或生活消费，是指人们为了生存和发展，通过吃饭穿衣、文化娱乐等活动，对消费资料和服务的消费。家庭消费支出共有 8 项，其中包括食品、衣服、家庭设备及服务、医疗保健、交通与通信、教育文化娱乐服务、居住、杂项商品与服务。剩余收入法是指家庭为购买或租赁一定水平的住房而支付住房消费后，剩余的可支配收入是否能满足家庭的基本生活消费。若在支付了住房消费后，不能满足基本的生活消费，则认为存在住房可支付能力问题。根据剩余收入法，设某收入水平家庭的月住房购买力为 P_i ，家庭月收入为 M_i ，家庭非住房的基本消费为每月 W_i ，则有

$$W_i = \sum_{j=1}^{6} w_{ij} \tag{3.6}$$

在这里假设家庭为 i，有 j 项基本生活消费，w_{ij} 表示家庭 i 在第 j 项的基本消费；假设 j=6 是 6 项基本消费。

扣除家庭非住房的基本消费后，该收入水平家庭的住房购买力为

$$P_i = M_i - W_i \tag{3.7}$$

在收入不变的情况下，家庭的非住房基本消费增加，会导致家庭的住房购买力下降。当家庭收入除去维持家庭的基本生活费用开支外所剩不多时，该收入水平的家庭存在严重的住房购买力问题。当家庭收入足以满足家庭的基本生活费用，但剩余收入不足以在市场中购买住房时，住房购买力也出现了问题。

将根据剩余收入法计算得到的家庭住房购买力与房地产市场中的房价进行对比分析，可以研究房地产市场中的房价是否与根据剩余收入法计算得到的各收入水平家庭的住房购买力相符，如果房价超出了居民的住房购买力，则认为该收入水平的家庭存在住房购买力问题。

本章分析了住房购买力及其影响因素，认为解决城镇住房购买力问题需要从影响因素入手。例如，增加城镇居民收入，稳定房价，调整房地产住房供应结构从而提供符合城镇居民住房购买力的住房，制定合理的住房制度保障中低收入家庭有房可住，提供适度的住房金融增强中等收入、中高收入、高收入家庭的住房购买力，等等，也需要考虑住房金融创新，提供能让中低收入家庭获得住房贷款的住房金融服务等。

第四章　静态住房可支付能力测度方法研究

本章从静态的视角研究和分析了住房可支付能力测度体系，静态住房购买力测算方法主要包括房价收入比、住房可支付性指数等指标测算方法和基于消费结构的住房购买力测算以及基于扩展线性支出系统模型的测算方法。

第一节　房价收入比与住房可支付性指数

如前所述，住房购买力又可称为住房可支付能力，它反映了家庭从市场购买或租赁住房的交易能力。一般来讲，影响我国城市居民住房购买力的因素有收入、住房价格、租金、需求、供给等，房价收入比和住房可支付性指数是分析住房购买力水平的主要指标。

一、房价收入比

联合国人类住区（生境）中心所发布的《城市指标指南》中，将房价收入比定义为“居住单元的中等自由市场价格与中等家庭年收入之比”。该指标可以用来衡量房屋销售价格或者出租价格偏离家庭可接受价格的程度，国际上往往用该指标来衡量房价的合理性。从微观方面，房价收入比可有效地反映出单位家庭的住房购买力，如果单位家庭依据自身的经济条件和抵押贷款的可获得性，所计算的可承受房价收入比超过了相应家庭的承受区间上限，则该住房消费是不可承受的，其住房需求只能构成潜在需求而不是有效需求。从宏观方面，通过对当地不同收入家庭的房价收入比的统计，可以检验当地不同收入家庭在市场条件下的住房购买力，检验的结果可作为政府调整住房政策及金融政策的依据（成思危，1999）。

由于我国的统计方法和统计指标与国外仍有些不同，如何使用该指标是一个争论的焦点，不少学者都在这方面做了研究（耿媛元和刘洪玉，1999；郑睿祺和刘洪玉，2002；杨文武，2003；李伟，2004；李爱华等，2006；沈久沄，2006；王延龙等，2006；郭戬等，2007）。

二、住房可支付性指数

住房可支付性指数，或称为住宅可负担能力指数，是国外成熟的房地产市场分析指标，用来评价居民住房可支付能力。

美国房地产经纪人协会（National Association of Realtors，NAR）和其他一些商业机构通常向社会发布住房可支付性指数，主要使用者和参考者为政府、房地产市场中的各类企业和家庭。目前，该指数已成为国外判断住房可支付能力的主要工具。政府依据住房可支付性指数判断目前居民的住房可支付能力是否足够。若住房可支付性指数水平过低或下降过快，政府将采取若干措施进行宏观调控，平抑过快增长的住房价格。企业则能够依据住房可支付性指数判断某市场中居民对住房的购买力及其变化，住房可支付性指数较高说明购买力相对旺盛，对新建住房的吸纳能力会较强，市场交易也会较为活跃。住房可支付性指数也可以为家庭提供置业决策支持，住房可支付性指数水平较高或快速上升时通常是置业的好时机。

通过对我国城镇居民的住房可支付能力指数的研究，可以了解城镇居民的住房负担能力（耿媛元和刘洪玉，1999；王延龙等，2006；刘琳，2007；向肃　和龙奋杰，2007）。

但是这些研究并没有对两个指标进行过详尽的比较分析，因此本部分将从定性与定量的角度分析房价收入比与住房可支付性指数之间的关系，并进行实证分析。

三、房价收入比与住房可支付性指数的关系研究

（一）房价收入比的计算

在分析商品住房购买力的时候，房价收入比这一经验指标往往被考虑到，它是指住房平均价格（或住房价格中位数）与家庭平均收入（或家庭收入中位数）的比值（成思危，1999），其公式可以表达为

$$q = \frac{P}{12m} \tag{4.1}$$

其中，q为房价收入比，P为一套标准住房的价格（国外市场是以出售新房和旧房价格的平均数为依据的），m 为家庭月平均收入（或月收入中位数）。世界银行在衡量一个国家或地区住房消费水平的标准时，一般认为$q<3$时则供不应求，$q\in[3,6]$较为合适，$q>6$时则超出了城镇居民的经济承受能力（曹振良，2003）。

（二）住房可支付性指数的计算

如前所述，住房可支付性指数可用于考察住宅市场中处于中位数收入水平的家庭对处于中位数价格住宅的承受能力。该指数的编制公式为

$$\text{HAI}=\frac{\text{MFI}}{\text{QI}}$$

将住房金融的因素考虑进来，住房可支付性指数编制公式可以进一步改变为

$$\text{HAI}=\frac{\text{MFI}}{\text{QI}}=\frac{\text{MFI}}{12\times X\times \text{PMT}}=\frac{\text{MFI}}{12X\times\left(0.7\times\dfrac{\text{MP}}{\text{PVIFA}_{i,n}}\right)} \tag{4.2}$$

其中，HAI（housing affordability index）为住房可支付性指数；MFI（median family income）为地区家庭所得收入中位数；PMT（payment）为取得中价位房屋贷款月付款，其中假设贷款成数为七成；QI（qualifying income）为取得中价位房屋贷款所需的年所得收入；MP（the median price of MP）为房价中位数；$\text{PVIFA}_{i,n}$（present value interest factor for an annuity）为年金现值因子；X为房屋支出占收入比的倒数（取每年还款额不超过家庭收入的 50%来计算 QI），i，n 分别为贷款利率和贷款年限（王延龙等，2006）。

该指数可用于新住宅、现有住宅等，显然这一指标在不同的地区和不同的城市是不同的。一般衡量的标准为：指数数值为 100%，意味着中位数收入家庭能购买到中位数价格的住宅；指数数值大于 100%，意味着住房可支付能力很强，对于当地房地产市场的发展来说是一个好消息；指数数值小于 100%，意味着那里的住宅价格对于当地居民来说太贵，从而住房市场将受到损害。

（三）房价收入比与住房可支付性指数的关系

从两个指标反映住房可支付能力方面来看，房价收入比高则说明住房可支付能力低，房价收入比与住房可支付能力成反比；而住房可支付性指数高则说明住房可支付能力高，住房可支付性指数与住房可支付能力成正比。所以房价收入比与住房可支付性指数应该成反比。下面从定量方面进行说明。如前所述，住房可支付性指数的计算公式如下：

$$HAI = \frac{MFI}{QI} = \frac{MFI}{12 \times X \times PMT} \tag{4.3}$$

其中，HAI、MFI、PMT、QI、X的含义同式（4.2）。

房价收入比的计算如下：

$$q = \frac{P}{12m} \approx \frac{12 \times PMT \times n + a}{MFI} \tag{4.4}$$

其中，PMT 和 MFI 含义同式（4.2）；a 为首付款额度；n 为贷款年限。

将式（4.4）代入式（4.3），则有

$$HAI = \frac{12n \times PMT + a}{12q \times X \times PMT} \tag{4.5}$$

所以，当 n、PMT、a、X 固定时，HAI 与 q 成反比。

从式（4.5）可以得出如下结论：住房可支付性指数和房价收入比呈现反方向变动，即房价收入比低，居民家庭的住房购买力强，那么住房可支付性指数也肯定高；反之，房价收入比高，居民家庭的购买力比较弱，则住房可支付性指数必然低。

（四）房价收入比和住房可支付性指数的计算

关于房价收入比的计算，由于我国统计数据的限制，这里分别取家庭收入的平均数及一套住房的平均价格来分别代替家庭收入的中位数及一套住房的价格中位数。

住房可支付性指数的表达式（4.3）中，在我国没有对该“MFI”指标的统计，因而近似用家庭年均可支配收入代替。X 的数值等于房屋支出占收入比重的倒数，可以表示为

$$X = \frac{1}{\dfrac{\text{年购房支出}}{\text{家庭年收入}}} \tag{4.6}$$

将式（4.6）代入式（4.3），得

$$HAI = \frac{MFI}{12 \times \dfrac{\text{家庭年收入}}{\text{年购房支出}} \times PMT} \tag{4.7}$$

对于式（4.6）中的“X”，根据相关机构的规定，我国居民每年用于偿还个人住房银行贷款的金额不得超过家庭年收入的 50%，所以说，X 大于等于 2，即

$$X = \frac{1}{\dfrac{\text{年购房支出}}{\text{家庭年收入}}} \geqslant 2$$

那么，可知：

$$\text{HAI}=\frac{\text{MFI}}{12X\times\text{PMT}}\leqslant\frac{\text{MFI}}{12\times2\times\text{PMT}}$$

假设 HAI 可取到最大值，即

$$\max\text{HAI}=\frac{\text{MFI}}{12\times2\times\text{PMT}} \tag{4.8}$$

再来分析房价收入比 q ，如前部分所述，这里采用等额还款的方式，将式（4.5）和式（4.8）联合起来考虑，假设贷款年限为 30 年，可以得出房价收入比 q 和住房可支付性指数 max HAI 之间的关系，即

$$\max\text{HAI}=\frac{12\times30\times\text{PMT}+a}{q\times12\times2\times\text{PMT}} \tag{4.9}$$

四、实证分析

在这一部分，首先对一城市不同时期的房价收入比和住房可支付性指数进行实证分析—— 以北京为例。为了更广泛地说明房价收入比和住房可支付性指数反比关系的存在性，又对 2013 年全国 35 个城市的房价收入比和住房可支付性指数进行实证分析。住宅商品房平均销售价格数据来源于国家统计局，各城市 2013 年家庭人均可支配收入数据来源于国家统计局和各城市 2013 年国民经济与社会发展统计公报。

实证分析 1：不同时期同一城市，其房价收入比和住房可支付性指数基本呈反比关系，以北京为例。图 4.1 和图 4.2 分别反映了 2000~2013 年的房价收入比和住房可支付性指数，从图中可以清晰地看出北京市 2000~2013 年房价收入比和住房可支付性指数往相反方向变动。

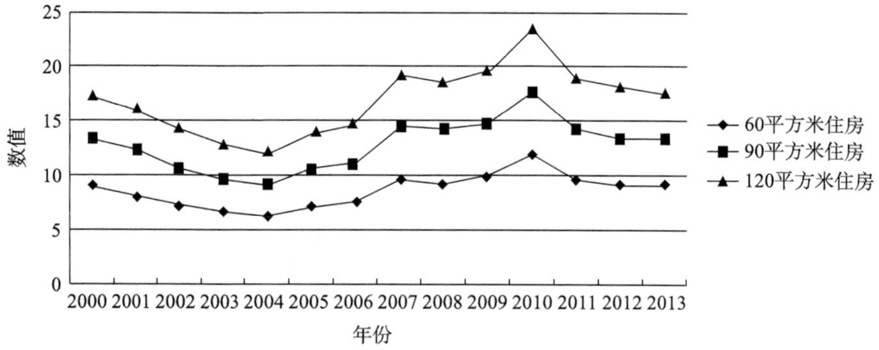

图 4.1　北京市房价收入比（2000~2013 年）

实证分析 2：同一时期不同的城市，其房价收入比和住房可支付性指数基本呈反比关系，如图 4.3 和图 4.4 所示。

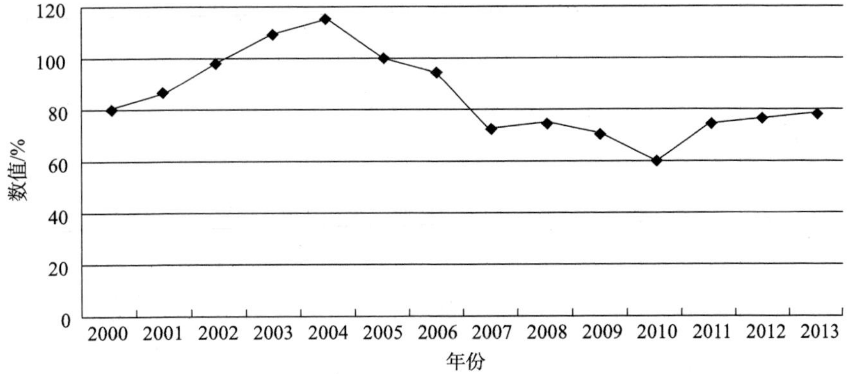

图 4.2　北京市住房可支付性指数（2000~2013 年）

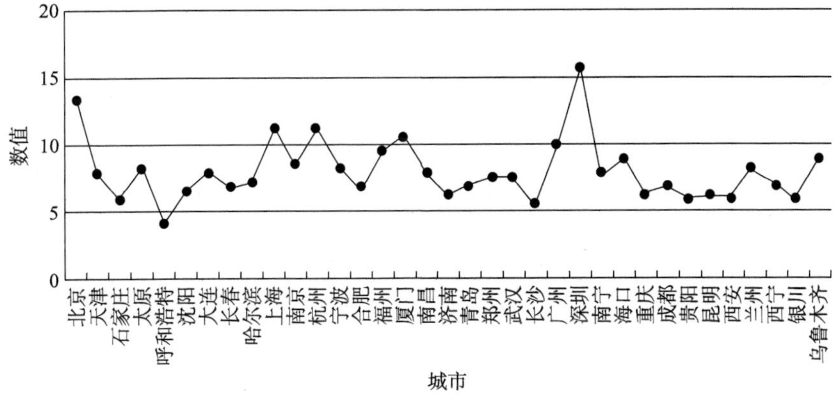

图 4.3　2013 年全国 35 个主要城市的房价收入比

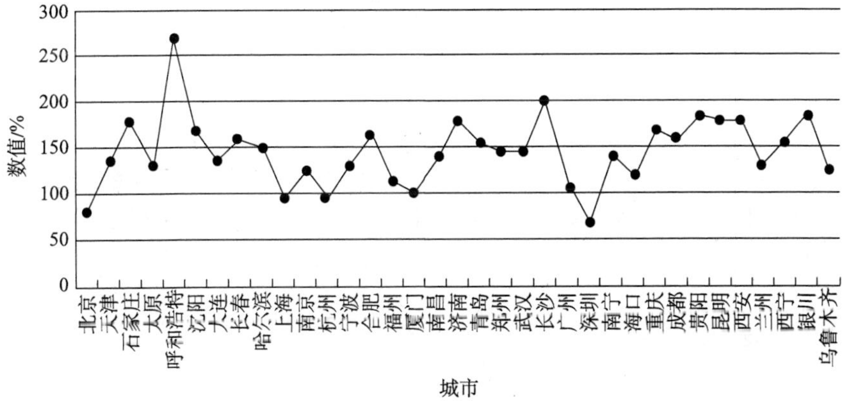

图 4.4　2013 年全国 35 个主要城市的住房可支付性指数

通过实证分析，可以看出不同时期同一城市的房价收入比和住房可支付性指数呈反比关系；同一时期不同城市的房价收入比和住房可支付性指数也呈反比关系。

五、结论

住房购买力是研究住房市场的一个重要考察内容，通过对城市住房购买力的研究，可以分析居民住房购买水平与房地产市场价格相匹配的程度。房价收入比和住房可支付性指数是分析住房购买力的两个重要指标，它们从不同的方面来表征住房购买力水平。

从上面的分析可以看出，房价收入比和住房可支付性指数两个指标设计的初衷，都是通过中位数（无论是收入还是房价）的选取计算比值，用于评价整个居民群体住房购买力的情况，是具有宏观统计意义的统计指标。如果将收入群体与住房市场细分，这两个指标也可以用来衡量细分市场中各收入水平群体的住房购买力情况。

本节从定性与定量的角度分析两个指标之间的内在关系，有利于更加清晰地研究住房购买力水平，并给出了实证分析。从实证分析来看，房价收入比和住房可支付性指数都可以反映居民家庭住房购买力的情况，无论是分析某时间不同城市，还是分析某城市不同时间的住房购买力情况，这两个指标都呈明显的反比关系。值得关注的是这两个指标的应用和评价标准都有待于继续研究。

第二节　基于消费结构与信贷的静态住房购买力测算模型

本节针对国内外研究的不足，从城镇居民的消费结构和购房融资方式出发，建立了城镇居民住房购买力模型，并依据北京市住宅的相关统计数据，通过房价收入比与数学模型的对照，对北京市城镇居民的住房购买力进行了分析，并在此基础上提出了相应的建议。

一、方法与模型

（一）房价收入比的计算与评价标准

如前所述，房价收入比的计算公式为

$$q = \frac{P}{12m} \tag{4.10}$$

该公式同式（4.1）。其中，q 为房价收入比；P 为一套标准住房的价格（国外市场是以出售新房与旧房价格的平均数为依据的）；m 为家庭月平均收入。

在我国应用该指标分析问题时，考虑到隐性收入的存在（张红，2009），往往用到其修正公式

$$q = \frac{ps}{12m \times (1+\varepsilon)} \tag{4.11}$$

其中，q、m 意义同式（4.10）；p 为商品房的单位面积价格；s 为一套房的建筑面积；ε 为隐性收入调整系数。

如果将房地产市场细分，可以分为期房市场和存量房市场；根据《北京统计年鉴》，按收入细分，则家庭可以分为低、中低、中、中高、高收入家庭，“平均收入”表示所有家庭的平均收入，用 Ω_2 表示该集合，$\Omega_2 = \{1,2,3,4,5,6\}$，数字 2~6 分别代表不同家庭的收入类别为“低”“中低”“中”“中高”“高”；1 代表“平均收入”，表示所有家庭的平均收入；据北京 2013 年房地产市场的运行情况细分期房面积 $\Psi_1 = \{80\text{m}^2, 120\text{m}^2, 140\text{m}^2, 160\text{m}^2\}$ 和存量房面积 $\Psi_2 = \{80\text{m}^2, 120\text{m}^2, 140\text{m}^2, 160\text{m}^2\}$，则房价收入比为

$$(q_i)_{kj} = \frac{(p_i) \times (s_i)_k}{12m_j \times (1+\varepsilon_j)}, \quad k \in \Psi_i, \quad i = 1,2, \ j \in \Omega_2 \tag{4.12}$$

其中，Ω_2 表示各收入水平家庭集合。$\Omega_2 = \{1,2,3,4,5,6\}$，$\Psi_i\ (i=1,2)$ 分别表示期房市场、存量房市场购房建筑面积的集合。i=1 时，$(q_1)_{kj}$ 表示商品住宅期房的房价收入比，p_1、$(s_1)_k$ 分别为商品住宅期房的平均价格和每套面积；i=2 时，$(q_2)_{kj}$ 表示商品住宅存量房的房价收入比，p_2、$(s_2)_k$ 分别为存量住房交易的平均价格和每套面积。ε_j 为各收入水平家庭的隐性收入调整系数。①

为了叙述方便，有如下定义。

定义 4.1：区间的比较关系 $\lhd$：对于两个区间 $[a_1,a_2]$、$[b_1,b_2]$，如果 $a_1 \leqslant b_1$，$a_2 \leqslant b_2$，则称 $[a_1,a_2] \lhd [b_1,b_2]$。

引理 4.1：在同一个房地产市场，设定住房标准即 $s = s_1 = s_2$，并且只有期房和存量房交易，如果房地产市场中合理房价收入比取值为 $q \in [lq, uq]$（l，u 分别表示该区间的下界和上界），当期房市场平均价格高于存量房市场价格时，则期

① 后面的指标如果不做特殊说明均指商品住房的价格或面积。

房、存量房的合理房价收入比区间与整个房地产市场房价收入比合理区间的关系为 $[lq_2,uq_2] \triangleleft [lq,uq] \triangleleft [lq_1,uq_1]$ ，而且 $(lq_i)=P_i/P\times(lq)$ ，$(uq_i)=P_i/P\times(uq)$ ，$i=1,2$ ，其中 lq,uq 分别表示房地产市场房价收入比合理区间的上下界，$[lq_1,uq_1],[lq_2,uq_2]$ 分别表示期房市场和存量房市场中的合理房价收入比区间。

证明：设整个房地产市场有 M 套期房交易，N 套存量房交易，那么整个房地产市场的商品住房价格为

$$P=\frac{\left(P_1^1+P_1^2+\cdots+P_1^M\right)+\left(P_2^1+P_2^2+\cdots+P_2^N\right)}{M+N}$$

期房市场中平均每套商品住房价格为

$$P_1=\frac{P_1^1+P_1^2+\cdots+P_1^M}{M}$$

存量房市场中平均每套商品住房价格为

$$P_2=\frac{P_2^1+P_2^2+\cdots+P_2^N}{N}$$

根据假设住房标准，即 $s=s_1=s_2$ ，以及根据住宅的折旧性会有

$$P_1>P_2$$

将 P_1 ，P_2 代入 P 则得

$$\frac{P_2M+P_2N}{M+N}<P=\frac{P_1M+P_2N}{M+N}<\frac{P_1M+P_1N}{M+N}$$

即

$$P_1>P>P_2$$

又因

$$lq\leqslant\frac{P}{12m}\leqslant uq \tag{4.13}$$

为合理区间，将不等式左右同时乘 $\frac{P_1}{P}$ 则得期房市场的房价收入比合理区间为

$$lq\times\frac{P_1}{P}\leqslant\frac{P_1}{12m}\leqslant uq\times\frac{P_1}{P} \tag{4.14}$$

同理，存量房市场的房价收入比合理区间为

$$lq\times\frac{P_2}{P}\leqslant\frac{P_2}{12m}\leqslant uq\times\frac{P_2}{P} \tag{4.15}$$

由式（4.13）~式（4.15）和定义 4.1 即得

$$[lq_2,uq_2]\triangleleft[lq,uq]\triangleleft[lq_1,uq_1]$$

而且有

$$(lq_i)=\frac{P_i}{P}\times(lq),\ (uq_i)=\frac{P_i}{P}\times(uq),\quad i=1,2$$

其中，l,u 分别表示该区间的下界和上界。证毕。

按国际标准，如果市场房价收入比合理区间为$[3,6]$，则由引理 4.1 可以推出以下结论。

（1）$i=1$ 时，$\exists a_1>0,\ a_2>0$，使 $q_1\in[3+a_1,6+a_2]$ 是合理的；其中，$a_1-a_2<0$。

（2）$i=2$ 时，$\exists b_1>0,\ b_2>0$，使 $q_2\in[3-b_1,6-b_2]$ 是合理的；其中，$b_2-b_1<3$。

（3）$q_1<3$ 时，期房市场将会供不应求。

（4）$q_2>6$ 时，存量房市场的住房价格超过了居民的经济能力。

这里 q_1，q_2 分别为期房市场和存量房市场的房价收入比。

证明略。

引理 4.2：在同一个房地产市场，设定住房标准即 $s=s_1=s_2$，并且只有期房和存量房交易，如果房地产市场中合理房价收入比取值为 $q\in[lq,uq]$，当期房市场平均价格低于存量房市场价格时，则期房、存量房的合理房价收入比区间与整个房地产市场房价收入比合理区间的关系为 $[lq_1,uq_1]\lhd[lq,uq]\lhd[lq_2,uq_2]$，而且 $(lq_i)=P_i/P\times(lq)$，$(uq_i)=P_i/P\times(uq)$，$i=1,2$，其中 lq,uq 分别表示房地产市场房价收入比合理区间的上下界，$[lq_1,uq_1],[lq_2,uq_2]$ 分别表示期房市场和存量房市场中的合理房价收入比区间。

证明略。

按国际标准，如果市场房价收入比合理区间为[3，6]，则由引理 4.2 可以推出以下结论。

（1）$i=1$ 时，$\exists a_1>0,a_2>0$，使 $q_2\in[3+a_1,6+a_2]$ 是合理的；其中，$a_1-a_2<0$。

（2）$i=2$ 时，$\exists b_1>0,b_2>0$，使 $q_1\in[3-b_1,6-b_2]$ 是合理的；其中，$b_2-b_1<3$。

（3）$q_2<3$ 时，期房市场将会供不应求。

（4）$q_1>6$ 时，存量房市场的住房价格超过了居民的经济能力。

这里 q_1，q_2 分别为期房市场和存量房市场的房价收入比。

证明略。

隐性收入的存在，以及 p、s、m、ε 的取值不同，引起对房价收入比的颇多争议，因而可将隐性收入调整系数视为一个不确定系数，先计算出北京期房市场出现供不应求、住房消费较为合理、供大于求三种情况时对应的隐性收入调整系数 ε_j 的取值范围，进而从分析隐性收入调整系数的合理性来分析房地产市场运行情况。

仍令 $[lq_1,uq_1],[lq_2,uq_2]$ 分别表示期房市场和存量房市场中的合理房价收入比区间，如果期房与存量房市场的房价收入比都落在了各自的合理区间，则

$$lq_i \leqslant \frac{(p_i)\times(s_i)_k}{12m_j\times(1+\varepsilon_j)} \leqslant uq_i,\quad k\in\Psi_i,\ i=1,2,\ j\in\Omega_2 \tag{4.16}$$

因而，

$$\frac{p_i\times(s_i)_k}{12m_j(uq_i)}-1 \leqslant (\varepsilon_j) \leqslant \frac{p_i\times(s_i)_k}{12m_j(lq_i)}-1,\quad k\in\Psi_i,\ i=1,2,\ j\in\Omega_2 \tag{4.17}$$

为了叙述方便，在符号表述上有如下变换：

$$\varepsilon_j \to (\boldsymbol{\varepsilon}_i)_{kj}$$

则式（4.17）变为

$$\frac{p_i\times(s_i)_k}{12m_j(uq_i)}-1 \leqslant (\boldsymbol{\varepsilon}_i)_{kj} \leqslant \frac{p_i\times(s_i)_k}{12m_j(lq_i)}-1,\quad k\in\Psi_i,\ i=1,2,\ j\in\Omega_2 \tag{4.18}$$

其中，$\Omega_2=\{1,2,3,4,5,6\}$，表示各收入水平家庭集合，数字 1~6 分别表示不同家庭的收入类别为平均、低、中低、中等、中高、高。i=1 时，$(q_1)_{kj}$ 表示商品住宅期房的房价收入比，p_1、$(s_1)_k$ 分别为商品住宅期房的平均价格和每套面积，期房面积 $\Psi_1=\{80\text{m}^2,120\text{m}^2,140\text{m}^2,160\text{m}^2\}$；$i$=2 时，$(q_2)_{kj}$ 表示商品住宅存量房的房价收入比，p_2、$(s_2)_k$ 分别为存量住房交易的平均价格和每套面积，存量房面积 $\Psi_2=\{80\text{m}^2,120\text{m}^2,140\text{m}^2,160\text{m}^2\}$。$(\boldsymbol{\varepsilon}_i)_{kj}$ 为各收入水平家庭房价收入比落入合理区间时对应的隐性收入调整系数。

由这个双层隐性收入调整系数矩阵 $(\boldsymbol{\varepsilon}_i)_{kj}$ 可以间接分析各收入水平家庭住房购买力，一般会有以下情况。

$(\boldsymbol{\varepsilon}_i)_{kj}\leqslant 0$，对于 j 收入家庭来说，购买 i 市场 k 面积单位价格为 p_i 的商品住宅时，不需要隐性收入即可以支付起房价，即 i 市场 k 面积的商品住宅没有超过其购买力。

设平均隐性收入一般不会超过正常统计收入的 ε_0 倍，则有下面两种情况。

$(\boldsymbol{\varepsilon}_i)_{kj}>\varepsilon_0$，对于 j 收入家庭来说，购买 i 市场 k 面积单位价格为 p_i 的商品住宅时，所对应的隐性收入调整系数超出了上界，即 i 市场 k 面积的商品住宅超过该 j 收入家庭的购买力。

$0<\left(\varepsilon_i\right)_{kj}\leqslant\varepsilon_0$，应做进一步的分析。

该方法参照国际银行房价收入比的适用范围，从市场的角度整体分析城镇居民的住房购买力，但是这个标准范围是否符合中国国情，还有待于在下文讨论中验证。

（二）从房地产金融、消费结构出发探讨各收入水平家庭住房可支付能力

正如前面所述，房价收入比只是衡量住房购买力的一个经验指标，它的合理性有待于进一步检验。下面结合家庭消费支出、购房融资方式等因素综合分析城镇居民的住房购买力，也就是从房地产金融角度通过等额还款原理将可支配收入、家庭消费支出矩阵结合起来计算城镇居民的购买力，或住房可支付能力。

在购房抵押贷款中假定：可支配月收入为 m 元，月还款额占家庭可支配月收入的比例为 w，贷款年限为 n 年，贷款年利率为 r，住宅的价格为每套 P 元，首付比率为 x，则根据等额还款原理有

$$(1-x)\times P\times\left(1+\frac{r}{12}\right)^{12n}=wm\times\frac{\left(1+\frac{r}{12}\right)^{12n}-1}{\frac{r}{12}} \tag{4.19}$$

下面先分析各收入水平家庭合理或可接受的月还款额区间，然后根据这个区间值，来探讨各收入水平家庭可支付的住房价格。

1. 合理月还款额区间分析

式（4.19）中，w 为月还款额占家庭可支配月收入的比例，通过简单分析可知 w 是还款年限 n 的减函数，是一套住房价格 P 的增函数，是可支配月收入 m 的减函数。从每个家庭的消费结构出发考虑该比例系数，则这个比例应该在一定的范围内，如果超过这个区间的上限，则会影响到家庭的正常生活。下限则为对居民消费支出结构没有任何影响时的月还款比例值。不妨将这个区间定义为合理的月还款额比例区间，记为 $w\in\left[w_l,w_u\right]$。其中 w_l，w_u 为月还款额比例的上下界；从银行贷款控制风险的角度，将上限定为 50%[①]，下限的取值采用 0%，即不贷款的情况。下面将从居民消费矩阵来分析各收入水平家庭合理的月还款额区间，定量描述 w 的取值范围。

---

① 中国银行业监督管理委员会于 2004 年正式发布《商业银行房地产贷款风险管理指引》，该指引明确规定：应将借款人住房贷款的月房产支出与收入比控制在 50%以下（含 50%）。

如果考虑中低收入家庭可接受的购房月还款额区间，首先考虑城镇居民家庭消费支出的构成，如恩格尔系数和其他消费支出统计。在家庭消费支出中共有8项（食品、衣服、家庭设备及服务、医疗保健、交通与通信、教育文化娱乐服务、居住、杂项商品与服务）。为了研究住房消费和其他消费的关系，有如下假设。

假设4.1：消费支出的8个项目决定了城镇居民的正常基本消费。

假设 4.2：如果一个理智的家庭决定或正在买房，就会适当减少不必要的消费，但不会减少前 6 项的消费，即衣服、食品、交通与通信、教育文化娱乐服务、医疗保健、家庭设备及服务等。

对于居民的消费行为而言，假设4.1和假设4.2通常是合理的，因而从各收入水平家庭的月还款比例矩阵$\left(\boldsymbol{w}_{nj}\right)_{8\times6}$中可以得到合理的月还款额比例$w_j$的取值范围为

$$\forall j\in\Omega_2,\ w_{8j}\leqslant w_j\leqslant w_{6j}$$

其中，

$$\begin{cases} w_{nj}=1-\dfrac{\sum\limits_{i=1}^{n}a_{ij}}{100}\cdot\dfrac{C_j}{M_j} \\ w_{6j}=w_{uj}=1-\dfrac{\sum\limits_{i=1}^{6}a_{ij}}{100}\cdot\dfrac{C_j}{M_j} \\ w_{8j}=w_{lj}=1-\dfrac{\sum\limits_{i=1}^{8}a_{ij}}{100}\cdot\dfrac{C_j}{M_j} \\ i\in\Omega_1,\ j\in\Omega_2 \end{cases} \tag{4.20}$$

其中，Ω_1表示家庭各项消费集合，$\Omega_1=\{1,2,3,4,5,6,7,8\}$，1~8 分别代表在家庭消费支出中的 8 项：1 代表“食品”、2 代表“衣服”、3 代表“家庭设备及服务”、4 代表“医疗保健”、5 代表“交通与通信”、6 代表“教育文化娱乐服务”、7 代表“居住”、8 代表“杂项商品与服务”；Ω_2表示各个收入家庭的集合，$\Omega_2=\{1,2,3,4,5,6\}$，$\forall i\in\Omega_1$，$j\in\Omega_2$；a_{ij}表示对于收入为j的家庭，第i项消费占可支配家庭收入的a_{ij}%，则$\left(\boldsymbol{a}_{ij}\right)_{8\times6}$（$i\in\Omega_1$，$j\in\Omega_2$）为城市居民家庭消费支出比例矩阵；$C_j$为$j$收入家庭的总消费支出额；$M_j$为$j$收入家庭的可支配收入额；$w_{nj}$表示除了消费支出的前$n$项外，$j$收入家庭将剩余的可支配收入用于住房还款的比例值$n=1,2,\cdots,8$。

因而低、中低、中等、中高、高收入家庭可支付的还款占月收入的比例分别为

$$\begin{aligned}&w_2\in\left[w_{82},w_{62}\right],w_3\in\left[w_{83},w_{63}\right],w_4\in\left[w_{84},w_{64}\right],\\&w_5\in\left[w_{85},w_{65}\right],w_6\in\left[w_{86},w_{66}\right]\end{aligned}\tag{4.21}$$

2. 可支付商品住宅价格

由式（4.18）和式（4.20），可以得出各收入家庭的住房购买力，即可支付的商品住宅价格区间为

$$P_j=\frac{\left(1+\frac{r}{12}\right)^{12n}-1}{r(1-x)\left(1+\frac{r}{12}\right)^{12n}}\times 12w_jm_j,\quad j\in\Omega_2,\ w_j\in\left[w_{8j},w_{6j}\right]\tag{4.22}$$

考虑到隐性收入的存在，则对式（4.22）修正得

$$\begin{aligned}\overline{P}_j&=P_j\times\left(1+\varepsilon_j\right)\\&=\frac{\left(1+\frac{r}{12}\right)^{12n}-1}{r(1-x)\left(1+\frac{r}{12}\right)^{12n}}\times 12w_jm_j\times\left(1+\varepsilon_j\right),\quad j\in\Omega_2,w_j\in\left[w_{8j},w_{6j}\right]\end{aligned}\tag{4.23}$$

其中，n、r、x 意义同式（4.10）；m_j 为 j 收入家庭的可支配月收入；w_j 为月还款额占家庭可支配月收入的比例；P_j 为 j 收入家庭支付的住宅价格；$\Omega_2=\{1,2,3,4,5,6\}$，Ω_2 表示各个收入家庭的集合；ε_j 为 j 收入家庭的隐性收入调整系数。

为了叙述方便，定义一个区间运算的符号 $\otimes$。

定义 4.2：设 $[a,b]$ 为任意区间，其中 $a<b$，c 为任意实数，则 $[a,b]\otimes c=[a\times c,b\times c]$。

对于 j 收入家庭，月还款比例为 w_{6j} 时，不考虑隐性收入和考虑隐性收入时该家庭可支付的住房价格分别记为 P_{6j}、$\overline{P}_{6j}$；月还款比例为 w_{8j} 时，不考虑隐性收入和考虑隐性收入时该家庭支付的住房价格分别记为 P_{8j}、$\overline{P}_{8j}$。因而平均收入、低收入、中低收入、中等收入、中高收入和高收入家庭可支付的商品住房价格大体分布区间为

$$\overline{P}_j\in\left[P_{8j},P_{6j}\right]\otimes\left(1+\varepsilon_j\right),\quad j\in\Omega_2\tag{4.24}$$

3. 各收入水平家庭可支付的房价收入比

设 j 收入的城镇居民家庭可接受的合理房价收入比区间为 $\left[(ql)_j,(qu)_j\right]$，则

$$(ql)_j=\frac{\overline{P}_{8j}}{12m_j\left(1+\varepsilon_j\right)},\ (qu)_j=\frac{\overline{P}_{6j}}{12m_j\left(1+\varepsilon_j\right)},\quad j\in\Omega_2 \tag{4.25}$$

代入式（4.23）即得

$$(ql)_j=\frac{\left(1+\frac{r}{12}\right)^{12n}-1}{r(1-x)\left(1+\frac{r}{12}\right)^{12n}}\times w_{8j},\ (qu)_j=\frac{\left(1+\frac{r}{12}\right)^{12n}-1}{r(1-x)\left(1+\frac{r}{12}\right)^{12n}}\times w_{6j},\quad j\in\Omega_2 \tag{4.26}$$

其中，$\Omega_2=\{1,2,3,4,5,6\}$ 表示各收入家庭的集合；m_j 为 j 收入家庭的可支配月收入；$(ql)_j$、$(qu)_j$ 分别为合理房价收入比区间的上下界。

可以用 $j=1$ 的这个结果和国际上通用的房价收入比指标的标准相比较，检验城镇居民可接受的房价收入比合理区间与其是否一致。

二、静态购买力测算模型实证——以北京市 2015 年住房市场数据为例

（一）用房价收入比方法来分析北京市城镇居民住房购买力情况

家庭收入数据来源于统计年鉴，房价数据来源于北京市房地产市场研究报告，根据该报告，2015 年北京市普通商品住宅的期房市场交易平均价格为每平方米 24 550 元；2015 年北京市存量房市场交易的平均价格为每平方米 38 147 元。

鉴于隐性收入和收入高低之间的关系没有定论，令 $\varepsilon_j=0$ 为各阶层的隐性收入调整系数，由式（4.12）可以得出 2015 年期房和存量房的 q 值如表 4.1 和表 4.2 所示。

表 4.1　北京市 2015 年修正后期房的平均房价与各等级家庭年收入之比

家庭收入水平		平均收入	低收入	中低收入	中等收入	中高收入	高收入
家庭总收入/$\left(1+\varepsilon_j\right)$/元		142 719	72 670	109 356	133 148	160 515	238 620
期房平均单价/元		24 550	24 550	24 550	24 550	24 550	24 550
（房价家庭年收入比）×$\left(1+\varepsilon_j\right)$	房价收入比（80 平方米）$(q_1)_{1j}\times\left(1+\varepsilon_j\right)$	13.8	27.0	18.0	14.8	12.2	8.2
	房价收入比（120 平方米）$(q_1)_{2j}\times\left(1+\varepsilon_j\right)$	20.6	40.5	26.9	22.1	18.4	12.3

续表

家庭收入水平		平均收入	低收入	中低收入	中等收入	中高收入	高收入
（房价家庭年收入比）× $\left(1+\varepsilon_j\right)$	房价收入比（140 平方米）$\left(q_1\right)_{3j}\times\left(1+\varepsilon_j\right)$	24.1	47.3	31.4	25.8	21.4	14.4
	房价收入比（160 平方米）$\left(q_1\right)_{4j}\times\left(1+\varepsilon_j\right)$	27.5	54.1	35.9	29.5	24.5	16.5

表 4.2　北京市 2015 年修正后存量房的平均房价与各等级家庭年收入之比

家庭收入水平		平均收入	低收入	中低收入	中等收入	中高收入	高收入
家庭总收入/$\left(1+\varepsilon_j\right)$/元		142 719	72 670	109 356	133 147	160 515	238 620
存量房平均单价/元		38 147	38 147	38 147	38 147	38 147	38 147
（房价家庭年收入比）× $\left(1+\varepsilon_j\right)$	房价收入比（60 平方米）$\left(q_2\right)_{1j}\times\left(1+\varepsilon_j\right)$	16.0	31.5	20.9	17.2	14.3	9.6
	房价收入比（80 平方米）$\left(q_2\right)_{2j}\times\left(1+\varepsilon_j\right)$	21.4	42.0	27.9	22.9	19.0	12.8
	房价收入比（120 平方米）$\left(q_2\right)_{3j}\times\left(1+\varepsilon_j\right)$	32.1	63.0	41.9	34.4	28.5	19.2

由 2015 年期房面积与平均价格、存量房面积与平均价格，可计算出期房、存量房市场的平均价格为每平方米 32 695 元，则由引理 4.1 推论，如果按国际标准则房价收入比为$[3,6]$是合理的（曹振良，2003），期房市场的合理房价收入比区间应该为[2.3,4.5]，存量房的合理房价收入比区间应该为$[3.5,7.0]$，由式（4.18）得此合理区间相应的隐性收入系数区间如表 4.3 所示。

表 4.3　北京市 2015 年期房与存量房价格合理时相应的隐性收入系数区间表

家庭收入水平		全市平均	低收入	中低收入	中等收入	中高收入	高收入
期房住房消费和居民购买力相匹配时得出的隐性收入调整系数	住房面积（80 平方米）	[2.1，5.0]	[5.0，10.8]	[3.0，6.8]	[2.3，5.4]	[1.7，4.3]	[0.8，2.6]
	住房面积（120 平方米）	[3.6，8.0]	[8.0，16.6]	[5.0，10.7]	[3.9，8.6]	[3.1，7.0]	[1.7，4.4]
	住房面积（140 平方米）	[4.4，9.5]	[9.5，19.6]	[6.0，12.7]	[4.7，10.2]	[3.8，8.3]	[2.2，5.3]
	住房面积（160 平方米）	[5.1，11.0]	[11.0，22.5]	[7.0，14.6]	[5.6，11.8]	[4.4，9.6]	[2.7，6.2]
存量房住房消费和居民购买力相匹配时得出的隐性收入调整系数	住房面积（60 平方米）	[1.3，3.6]	[3.5，8.0]	[2.0，5.0]	[1.5，3.9]	[1.0，3.1]	[0.4，1.7]
	住房面积（80 平方米）	[2.1，5.1]	[5.0，11.0]	[3.0，7.0]	[2.3，5.5]	[1.7，4.4]	[0.8，2.7]
	住房面积（120 平方米）	[3.6，8.2]	[8.0，17.0]	[5.0，11.0]	[3.9，8.8]	[3.1，7.1]	[1.7，4.5]

表 4.3 即为双层的$(\boldsymbol{\varepsilon}_1)_{11}$矩阵，$i=1$，$k=1$，$j=1$，$2.3<q_1<4.5$，$2.3<(\boldsymbol{\varepsilon}_1)_{11}<4.5$。从表 4.3 期房住房消费和居民购买力相匹配时得出的隐性收入系数可以看出：①如果北京居民平均隐性收入系数$(\boldsymbol{\varepsilon}_1)_{11}\leqslant 5.0$，即房价收入比不会小于 2.3，则 80 平方米的期房住房市场不会供不应求，大于 80 平方米的期房住房市场更不会出现供不应求。②即使j=6（高收入家庭），其隐性收入系数也要在 0.8 以上才能购买 80 平方米的期房，而要购买 160 平方米的期房，其隐性收入系数至少达到 2.7。③当j=2，3，4（低、中低、中等收入者）时，如果其隐性收入系数小于 2.3，即房价收入比大于 4.5，则整个市场的价格超出了j=2，3，4 收入水平家庭的购买能力。

从表 4.3 中存量房住房消费和居民购买力相匹配时得出的隐性收入系数也可以做同样的分析。

（二）从房地产金融、消费结构出发探讨各收入家庭住房可支付能力

家庭消费支出数据来源于《北京统计年鉴 2016》，表 4.4 中前 8 行数据组成了 2015 年北京市城镇居民家庭消费支出比例矩阵$(\boldsymbol{a}_{ij})_{8\times6}$ $(i\in\Omega_1, j\in\Omega_2)$，$i=1$，$j=1$ 时，$a_{11}=22.4$，其中$\Omega_1=\{1,2,3,4,5,6,7,8\}$，$\Omega_2=\{1,2,3,4,5,6\}$，意义同上文。

表 4.4 北京市 2015 年城镇居民家庭消费支出构成统计

a_{ij}	全市平均	低收入	中低收入	中等收入	中高收入	高收入
食品支出（恩格尔系数）(a_{1j})	22.4	28.2	27.2	25.6	20.7	17.7
衣服支出(a_{2j})	7.2	6.8	7.3	7.5	7.1	7.1
居住支出(a_{3j})	30.6	27.6	27.6	28.5	32.3	33
杂项商品与服务支出(a_{4j})	6.2	6	6	6.2	6	6.5
交通与通信支出(a_{5j})	13.3	12.5	13.5	11.9	13.9	13.9
教育文化娱乐服务支出(a_{6j})	10.8	9.8	9.7	10.6	10.7	11.7
医疗保健支出(a_{7j})	6.6	7.5	6.5	6.8	6.4	6.3
其他用品及服务支出(a_{8j})	2.9	1.6	2.2	2.9	2.9	3.8

各收入家庭的总消费支出额C_{ij}和各收入家庭的可支配收入额M_{ij}的数据均来自《北京统计年鉴》，$j\in\Omega_2$，$\Omega_2=\{1,2,3,4,5,6\}$，则由式（4.20）得出了还款比例矩阵$(\boldsymbol{w}_{nj})_{8\times6}$与$w_j$的合理取值范围，即月还款额比例（8）与月还款额比例（6）之间的部分，见表 4.5。

表 4.5　2015 年北京市城镇居民基于消费支出组合与可支配收入比的月还款比例表

家庭收入\还款比例	全市平均	低收入	中低收入	中等收入	中高收入	高收入
月还款比例（1）	0.84	0.77	0.81	0.83	0.85	0.89
月还款比例（2）	0.79	0.71	0.76	0.78	0.80	0.84
月还款比例（3）	0.58	0.48	0.56	0.59	0.57	0.63
月还款比例（4）	0.54	0.43	0.52	0.54	0.53	0.59
月还款比例（5）	0.45	0.33	0.42	0.46	0.43	0.50
月还款比例（6）	0.37	0.24	0.35	0.39	0.36	0.42
月还款比例（7）	0.33	0.18	0.31	0.35	0.31	0.38
月还款比例（8）	0.31	0.17	0.29	0.33	0.29	0.36

可以得到 2015 年北京市城镇低、中低、中等、中高、高收入家庭可支付的月还款额占月收入的比例分别为：$w_2 \in [0.17,0.24]$，$w_3 \in [0.29,0.35]$，$w_4 \in [0.33,0.39]$，$w_5 \in [0.29,0.36]$，$w_6 \in [0.36,0.42]$。

按照目前居民申请购房抵押贷款的有关规定，月还款额不超过其家庭月收入的 50%，申请年限可在 10~30 年。不妨取利率 r=5.51%，首付 20%，贷款期限 n=20 年，收入 m_j 见《北京统计年鉴》，因而由式（4.23）与式（4.24）得 2015 年北京市城镇居民低收入、中低收入、中等收入、中高收入和高收入家庭可支付的商品住房价格大体分布区间为：$\overline{P_2} \in [23,33] \otimes (1+\varepsilon_2)$，$\overline{P_3} \in [60,72] \otimes (1+\varepsilon_3)$，$\overline{P_4} \in [81,98] \otimes (1+\varepsilon_4), \overline{P_5} \in [87,107] \otimes (1+\varepsilon_5), \overline{P_6} \in [159,188] \otimes (1+\varepsilon_6)$。

如果假设 $\varepsilon_2 = 0.2$，则由 2015 年北京市城镇居民住房购买力分析可以得到各收入家庭可支付的住房价格为图 4.5 中月还款比例（6）与月还款比例（8）之间的部分。

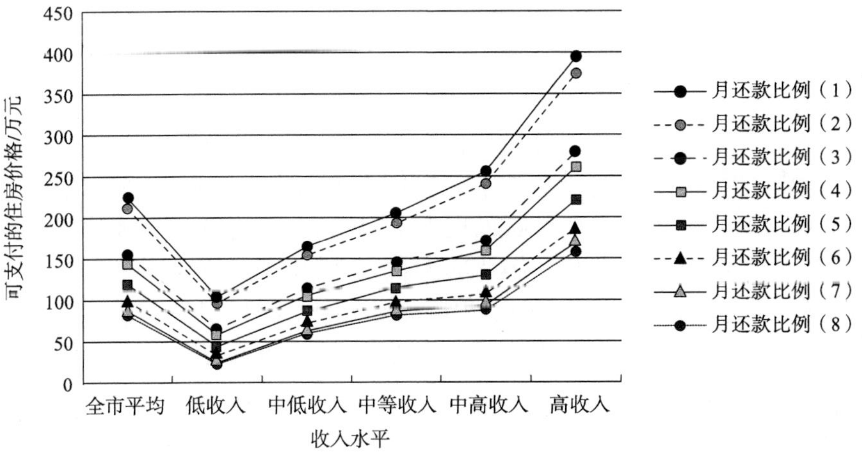

图 4.5　未修正 2015 年北京市城镇居民住房购买力分析

因而由式（4.26）可以得出北京市 2015 年各收入水平家庭可接受的合理房价收入比区间如表 4.6 所示。

表 4.6　2015 年北京市城镇居民可接受的合理房价收入比区间

贷款利率/首付比例/%	房价收入比	全市平均	低收入	中低收入	中等收入	中高收入	高收入
5.51/20	上限	5.6	3.7	5.3	5.9	5.4	6.4
	下限	4.6	2.6	4.4	4.9	4.4	5.4
5.51/30	上限	6.4	4.2	6.1	6.8	6.2	7.3
	下限	5.3	2.9	5.0	5.7	5.0	6.2
4.59/20	上限	6.1	4.0	5.8	6.4	5.8	6.9
	下限	5.0	2.8	4.8	5.3	4.8	5.8
4.59/30	上限	7.0	4.6	6.6	7.3	6.7	7.9
	下限	5.7	3.1	5.5	6.1	5.4	6.6

根据房价收入比的定义，北京市城镇居民可接受的合理房价对应为$[4.6, 7.0]$，而且计算结果反映出了收入越高的家庭其可接受的房价收入比值相对越高，北京市城镇居民可接受的房价收入比合理区间尚有一定的出入，国际房价收入比标准体现了发达国家房地产市场整体情况，就本身购买力而言，中低收入、低收入家庭可接受的房价收入比要低于该标准，中高、高收入家庭可接受的房价收入比要高于这个范围。

从房价收入比的计算方式可以看出：房地产金融信贷政策会对该指标产生一定的影响，表 4.6 也体现出了影响的幅度。

（三）数据的异常排序

表 4.5 的数据表明，由月还款比例（3）开始，直到月还款比例（8），中高收入水平家庭的月还款比例低于中等收入家庭的月还款比例，同时，表 4.6 结果表明中高收入家庭的可接受房价收入比上下限均低于中等收入家庭的相应计算结果，这与一般情况下，月还款比例及房价收入比随家庭收入增多而增大的结论相悖。原因在于，在城镇居民家庭消费支出构成中，收入更高的中高收入家庭的衣服支出(a_{2j})、交通与通信支出(a_{5j})比例均高于中等收入家庭的相应消费比例，而由式（4.26）可知，这两项数据与月还款比例和房价收入比成正比，因此导致了计算结果的异常排序现象。

第三节　基于扩展线性支出系统的静态住房购买力测算模型

本节基于扩展线性支出系统构建了城镇居民住房购买力静态测算模型，并用北京市的数据做了实证分析，通过该模型可以测算出北京市不同收入水平家庭的住房购买力，与市场住房价格比较可以分析出两者是否匹配。分析表明北京市城镇居民中高收入水平以上家庭具有一定的购买力，中低收入水平以下家庭购买力不足，文中提出了相应的政策建议。

一、模型的建立

（一）线性支出系统模型

“线性支出系统”（linear expenditure system，LES）是英国著名经济学家斯通（R.Stone）根据柯布-道格拉斯函数于 1956 年提出的需求系统模型。线性支出系统把需求看成消费支出和价格的函数。模型的表达式为

$$V_i = P_i r_i + a_i \left(V - \sum_{i=1}^{n} P_i r_i \right) \tag{4.27}$$

其中，V_i 为消费者对第 i 种商品或者劳务的消费支出额；V 为消费者对商品和劳务的总消费支出额，且 $V = \sum_{i=1}^{n} V_i$，P_i 为第 i 种商品或者劳务的价格；r_i 为第 i 种商品或者劳务的基本需求量；a_i 为第 i 种商品或者劳务的边际预算份额，即基本消费需求支出额之外的剩余支出额追加于第 i 种商品或者劳务需求的比例，显然 $\sum_{i=1}^{n} a_i = 1$。

其基本思想为：在一定的价格和总消费水平下，消费者先购买各种商品、劳务的基本需要量 $r_i(i=1,\cdots,n)$；然后将消费总支出中扣除基本需求之后的剩余部分按不同比例在各种商品和劳务之间分配。

但线性支出系统并没有考虑储蓄的因素，1975 年经济学家 C.Lluch 和 R. Williams 对此进行了改进，提出了“扩展线性支出系统”模型。

（二）扩展线性支出系统模型

其表达式如下：

$$V_i = P_i r_i + \beta_i \left(Y - \sum_{i=1}^{n} P_i r_i \right) \tag{4.28}$$

其中，V_i、P_i、r_i意义同式（4.27）；Y为消费者的生活费收入；β_i为第i种商品或者劳务的边际预算份额，即基本消费需求支出额之外的剩余支出额追加于第i种商品或者劳务需求的比例，对储蓄的投入比例为β_{n+1}，显然有$\sum_{i=1}^{n}\beta_i < 1$，而且$\sum_{i=1}^{n+1}\beta_i = 1$。该系统在进行消费结构分析和预测方面较恩格尔系数模型有着明显的优越性，可以进行边际消费倾向分析、需求收入弹性分析、基本需求分析。在这里我们主要用其基本需求分析功能。

（三）用于预测的扩展线性支出系统模型

令

$$P_i r_i - \beta_i \sum_{i=1}^{n} P_i r_i = b_i \tag{4.29}$$

则扩展线性支出系统模型的表达式为

$$V_i = b_i + \beta_i Y \tag{4.30}$$

这是一个静态的线性方程，利用住户调查的截面资料，可以求出系数的估计值为

$$V_i(t) = b_i(t) + \beta_i(t) Y(t)$$

其中，t表示时间。

从而分析出城镇居民的基本需求，进一步测算其住房购买力。

（四）用静态方程预测城镇居民住房购买力

如前面所述，建模的思想具体如下：根据扩展线性支出系统模型（4.30）可以求得城镇居民每项消费的基本需求，不同收入水平家庭的可支配收入与消费之差即为该家庭可支付住房还款额，则由住房贷款公式可以测算出该家庭的住房购买力。

模型假设：正在购房或者打算购房的家庭会将每项消费控制在基本需求范围内，将剩余的部分用于购买住房。

由式（4.30）可以计算出b_i、β_i，代入式（4.29），通过求解线性方程组：

$$\begin{pmatrix} 1-\beta_1 & -\beta_1 & \cdots & -\beta_1 \\ -\beta_2 & 1-\beta_2 & \cdots & -\beta_2 \\ \vdots & \vdots & & \vdots \\ -\beta_8 & -\beta_8 & \cdots & 1-\beta_8 \end{pmatrix} \times \begin{pmatrix} P_1 r_1 \\ P_2 r_2 \\ \vdots \\ P_8 r_8 \end{pmatrix} = \begin{pmatrix} b_1 \\ b_2 \\ \vdots \\ b_8 \end{pmatrix}$$

可以得出

$$\begin{pmatrix} P_1 r_1 \\ P_2 r_2 \\ \vdots \\ P_8 r_8 \end{pmatrix} = \begin{pmatrix} 1-\beta_1 & -\beta_1 & \cdots & -\beta_1 \\ -\beta_2 & 1-\beta_2 & \cdots & -\beta_2 \\ \vdots & \vdots & & \vdots \\ -\beta_8 & -\beta_8 & \cdots & 1-\beta_8 \end{pmatrix}^{-1} \times \begin{pmatrix} b_1 \\ b_2 \\ \vdots \\ b_8 \end{pmatrix} \tag{4.31}$$

设 j 收入水平家庭年可支配收入为 Y_j ，则 j 收入水平家庭月可支付住房还款额为

$$w_j m_j = \left(Y_j - \sum_{i=1}^{8} P_i r_i \right) \times \frac{1}{12} \tag{4.32}$$

由住房贷款等额还款公式

$$(1-x) \times P \times \left(1+\frac{r}{12}\right)^{12n} = w_j m_j \times \frac{\left(1+\frac{r}{12}\right)^{12n} - 1}{\frac{r}{12}}, \quad j \in \Omega_2 \tag{4.33}$$

可以得出该家庭住房可支付能力为

$$P = w_j m_j \times \frac{\left(1+\frac{r}{12}\right)^{12n} - 1}{\frac{r}{12}} \times \frac{1}{(1-x) \times \left(1+\frac{r}{12}\right)^{12n}}, \quad j \in \Omega_2 \tag{4.34}$$

模型（4.33）各系数的含义为：可支配月收入为 m 元，月还款额占家庭可支配月收入的比例为 w ，贷款年限为 n 年，贷款年利率为 r ，住宅的价格为每套 P 元，首付比率为 x 。其中， $\Omega_2 = \{1,2,3,4,5,6\}$ ，分别代表平均收入、低收入、中低收入、中等收入、中高收入、高收入等 6 个收入水平的家庭。可用此静态方程预测城镇居民住房购买力。

二、实证研究——以北京市 2013 年和 2015 年房地产市场数据为例

本部分的数据来源于《北京统计年鉴 2014》和《北京统计年鉴 2016》，采用 2013 年和 2015 年的北京市城镇居民家庭消费支出数据（表 4.7）和房地产市场数据，建立了基于扩展线性支出系统的静态住房购买力测算模型，对 2013 年和

2015 年北京市城镇家庭的住房可支付能力做了测算和分析。

表 4.7 2013 年和 2015 年北京市城镇居民家庭消费支出及收入表（单位：元）

年份	家庭收入水平	消费 1	消费 2	消费 3	消费 4	消费 5	消费 6	消费 7	消费 8	家庭可支配收入
2013	全市平均	21 242	7 267	5 132	4 467	10 676	10 361	5 528	3 643	104 835
	低收入	16 571	4 304	3 086	3 225	5 061	6 020	4 211	1 708	53 691
	中低收入	19 298	5 379	4 172	3 808	7 255	7 221	4 001	2 380	79 274
	中等收入	20 113	6 158	4 640	4 825	8 253	8 983	4 993	2 910	88 698
	中高收入	21 458	7 563	5 303	4 530	11 780	10 825	5 315	4 065	111 578
	高收入	23 699	10 277	6 752	4 820	16 445	14 851	7 417	5 576	151 019
2015	全市平均	21 846	7 158	30 380	6 137	13 122	10 876	6 399	3 016	142 719
	低收入	16 985	4 517	16 194	3 587	7 487	6 566	3 860	1 221	72 670
	中低收入	20 532	5 739	21 472	4 817	9 799	8 033	5 026	2 021	109 356
	中等收入	22 164	6 496	26 228	5 351	10 703	9 393	6 872	2 395	133 148
	中高收入	22 675	8 018	36 683	6 870	16 705	12 688	6 580	3 528	160 515
	高收入	26 938	11 042	51 405	10 081	20 928	17 719	9 681	5 939	238 620

表 4.7 中消费 1~8 分别指食品、衣服、家庭设备及服务、医疗保健、交通与通信、教育文化娱乐服务、居住、杂项商品与服务这 8 项消费。

由表 4.7 和式（4.30）可以求得 b_i，β_i 的估计值，如表 4.8 所示。

表 4.8 扩展线性支出系统模型各系数估计值

年份	i	1	2	3	4	5	6	7	8
2013	b_i	13 396.9	671.1	1 208.2	2 767.3	− 1 943.2	527.3	1 825.1	− 673.0
	β_i	0.071	0.063	0.037	0.015	0.121	0.094	0.035	0.041
2015	b_i	13 772.1	1 434.8	− 1 228.1	459.4	864.2	828.5	1 493.1	− 1 133
	β_i	0.06	0.04	0.22	0.04	0.09	0.07	0.03	0.03

将表 4.8 中的估计值代入式（4.29），解线性方程组（4.31），得到北京市城镇居民 2013 年和 2015 年的各项基本需求消费，见表 4.9。

表 4.9 北京市城镇居民 2013 年和 2015 年各项基本需求消费表（单位：元）

年份	消费项	1	2	3	4	5	6	7	8	总和
2013	基本需求	15 811	2 813	2 466	3 277	2 170	3 723	3 015	721	33 996
2015	基本需求	15 981	3 000	7 413	2 012	4 214	3 575	2 835	2[1)]	39 032

1）该数字已经核实没有问题，出现的原因很可能是统计年鉴中样本量少，后面计算用的是总和，所以对整体结果影响不大

由式（4.32）可以得到 2013 年北京市各收入城镇居民月住房可支付能力，见表 4.10。

表 4.10　2013 年北京市各收入城镇居民月住房可支付能力表（单位：元）

年份	家庭收入水平	平均收入	低收入	中低收入	中等收入	中高收入	高收入
2013	月住房可支付能力	5 903	1 641	3 773	4 558	6 465	9 752
2015	月住房可支付能力	8 641	2 803	5 860	7 843	10 124	16 632

不妨取两种情况下：①商业贷款利率 r=5.51%，首付 30%，贷款期限 n=30 年；②公积金利率 r=3.25%[①]，首付 20%，贷款期限 n=20 年，由静态模型（4.34）计算 2013 年和 2015 年不同家庭收入水平的住房可支付能力，其结果见表 4.11。

表 4.11　由扩展线性支出系统模型测算出的城镇居民静态住房购买力表（单位：万元）

利率水平、贷款期限首付比率	年份	不同收入水平家庭的住房可支付能力					
		平均收入	低收入	中低收入	中等收入	中高收入	高收入
利率=5.51%；首付比率=30%；贷款期限=30 年	2013	130	36	83	101	143	216
	2015	190	62	129	173	223	367
利率=3.25%；首付比率=20%；贷款期限=20 年	2013	148	41	95	115	162	245
	2015	217	70	147	197	255	418

根据搜房网和禧泰房产数据，2013 年北京市商品住宅期房平均价格为每平方米 28 700 元，全市存量住房平均价格为每平方米 38 036 元。2015 年房价数据来源于中国指数研究院发布的北京房地产市场发展研究报告，根据该报告，2015 年北京市普通商品住宅的期房市场交易平均价格为每平方米 24 550 元；2015 年北京市存量房市场交易的平均价格为每平方米 38 147 元。

则可以测算出在平均价格下各收入水平家庭的购房面积，测算结果如表 4.12 所示。

表 4.12　平均价格下不同收入水平家庭对应的可购买住房的面积（单位：平方米）

年份	家庭收入水平	平均收入	低收入	中低收入	中等收入	中高收入	高收入
2013	期房面积	52	14	33	40	57	85
	存量房面积	39	11	25	30	43	64

三、扩展线性支出系统模型与住房保障

（一）可支付能力与住房保障政策

如前所述，住房改革初期我国对城镇居民住房结构的基本制度构想为：高收

① 北京市住房公积金利率于 2015 年 10 月 24 日最新调整公告设定。

入、中高收入及中等收入家庭住房问题由商品房解决；中低收入家庭住房问题由经济适用房解决；低收入家庭住房问题由政府提供廉租房解决。这种构想建立的基础是不同收入家庭的住房可支付能力也不同，按此构想大多数居民的住房问题基本都可以得到解决。随着住房市场的发展，经济适用房解决了部分人群的住房问题，但是随着房价的攀升，有很多问题也涌现出来，如“夹心层”的问题（这些收入人群既不符合经济适用房和廉租房的申请条件，也不易承受一般商品住宅的价格）、保障性住房供不应求，以及经济适用房骗购问题。2007 年，国务院出台了《国务院关于解决城市低收入家庭住房困难的若干意见》，要求各地政府通过加大经济适用房和廉租房建设来解决低收入人群的住房问题；同时为调整住房供应结构，建立分层次的住房供应体系，不少地区实施了介于商品房和经济适用房之间的另一种形式的保障性商品住房政策——两限房或者限价房，来解决“夹心层”的问题。

其中，廉租房和经济适用房属于具有保障性质的政策性住房，而限价房则属于具有保障性质的商品住房。廉租住房保障方式实行货币补贴和实物配租等相结合的方式，资金来源于各方面，包括财政拨款、不低于 10%的土地出让金、住房公积金的增值收益部分等。在定价方面，廉租房的每平方米租赁住房补贴标准由市、县人民政府根据当地经济发展水平、市场平均租金、城市低收入住房困难家庭的经济承受能力等因素确定；实物配租的住房租金标准实行政府定价（参见《廉租住房保障办法》）。经济适用房的政策性体现在政府投入部分土地出让金，减免税收，基准价格由开发成本、税金和利润三部分构成，按保本微利原则确定，以市物价局批准的价格为准。2008~2010 年全国不少城市出台了限价房相关政策，其中，北京市限价房销售主要依据的原则是比该地区同质普通商品房的平均销售价格低 10%~15%①；广州市限价房的最高销售价格原则上定为同地段、同类型商品房价格的 70%②；天津市限价商品住房的销售价格实行政府指导价管理，限价商品房原则上比测定销售价格前 3 个月内周边或同地区普通商品住房价格低 20%左右③。

从上面的定价指导原则可以看出廉租房考虑到城市低收入住房家庭的经济承受能力，经济适用房基于成本定价法，而两限房的定价原则基本上是将周边地区的商品房价作为基数，降低一定区间的百分点，属于比较定价法。对于该定价，我们不禁会有疑问，这样的定价能否和保障人群的住房购买力相匹配？以北京为例，由于近年来北京房价高涨，即使限价房价格比区域均价低 15%，仍可能比一

① http://wshl.bjcs.gov.cn/jrsq/sqgg.go? operate=showcontent&datafrom=sqgg&sqgg_id=41017.

② http://www.chinalaw.gov.cn/jsp/contentpub/browser/contentpro.jsp? contentid=co33469006-4.

③ http://jw.tjwq.gov.cn/system/2008/05/13/000005785.shtml.

年前区域内商品房售价贵，因而有观点认为“现在的房价本来就不合理，所以以此作为标准来按照10%~15%这个比例确定限价房价格也是不科学的”。该观点引起的质疑本质就是这样的定价能否解决既定目标居民的住房问题。对该问题的讨论与进一步研究是必要的，因为它关系着住房保障政策的有效落实问题。解决该问题的关键仍是住房可支付能力问题的研究。

（二）评估策略

基于扩展线性支出系统住房购买力测算模型提出的保障性住房价格评估策略如下（以两限房为例）。

（1）根据式（4.34）计算出不同收入水平家庭的住房购买力，不妨将各收入水平家庭住房购买力区间记为$\left[0,P_j+\sigma_j\right]$，$P_j+\sigma_j<P_{j+1}$。

（2）两限房关注的是“夹心层”，也就是购买力界于商品房和经济适用房之间的群体的住房问题，其住房购买力区间分别是$P_j'\in\left[0,P_j+\sigma_j\right]$，$P_j+\sigma_j<P_{j+1}$，$j\in\Omega_2$（实证分析中可以确定$j$的取值）。

（3）考虑到不同地段对房价的影响，在限价房价格上也应该有所体现，则调整后的价格记为$\hat{P}_j'\in\left[0,P_j+\sigma_j\right]$，$P_j+\sigma_j<P_{j+1}$，$j\in\Omega_2$，即如果$\hat{P}_j'\in\left(P_j+\sigma_j,+\infty\right)$，$P_j+\sigma_j<P_{j+1}$，则定价超出了$j$收入水平家庭的住房购买能力。

该价格评估策略同时体现了一种保障性住房的定价方法，即以中等收入和中高收入的购买力测算为核心，建立一个该收入群体可承受的住房购买力区间，然后根据限价房所在的区位或地段进行调整。实际上定价会涉及很多方面，如地价、开发商的利润。定价有很多不同的方法——比较法、成本法、收益法，而且供求关系对其定价也有着一定的影响，作为保障性住房还应该考虑到一点——购买力水平。可将购买力水平作为基准，从而评价其他方法的定价是否合理，而且该方法可以评估两限房是否可以解决“夹心层”的住房问题。

经济适用房也可以根据这个策略来进行分析，对应j的取值范围不一样。

第四节　静态测算方法小结

本章分析了静态房价收入比和住房可支付性指数两个指标，并建立了两个静态测算模型，其中房价收入比和住房可支付性指数两个指标经常被用来比较和分析不同地区的住房可支付能力，并以北京市的数据对两个指标的应用进行了论述和分析。基于消费结构和信贷的静态住房购买力测算模型考虑了家庭其他消费支出对住房可支付能力的影响，对购房家庭做了一个理性的假定；基于扩展线性支出系统的静态住房购买力测算则从经济学的视角，先对不同收入家庭群体的基本生活支出进行测算。两者都是从剩余可支配收入出发进行家庭住房可支付能力测算，更贴近于不同收入水平家庭真实的住房可支付能力结果。

但是，两个模型都存在有待于改进的地方，第一个模型对 w_j 区间的研究是从静态出发计算的，这种比较可以得出当年城镇居民的住房购买力是否和其相应的市场价格相匹配，但是忽略了时间的动态效应，即居民收入的增长性，也就是从整体上而言，月还款额占月收入比例 w 通常是不断下降的。另外，收入区间的进一步细分以及房价的细分可以使结果包含更多的分布信息，从而提高研究的精度。

第二个模型的计算假设扩展线性支出系统模型可以测算出居民的基本需求，假设没有住房的居民会将除去基本需求外的收入用于住房贷款，而首付款是居民的前期积蓄提供的；在计算可购买面积的时候，是以期房市场和存量房市场的平均价格为标准计算的，现实中不同收入的家庭对应不同价格的住房，但从宏观的角度而言，这里的平均值是较有代表性的，中等收入家庭的可购房面积也可以用来解释说明一定的问题；模型测算的结果均是指满足全市人均基本需求后，各收入家庭可支付的购房能力。如果分别对不同收入的家庭进行抽样调查，计算出不同收入家庭的不同基本需求，再测算各收入家庭的住房购买力，其结果从理论上而言应该更为科学；这也是今后进一步研究的方向。另外，扩展线性支出系统模型是根据不同收入分组的消费者对各大类商品的消费支出数据存在差异而建立的模型，它是某一时间截面物价水平下不同收入水平消费者均衡状况的反映，属于静态分析模型，基于此建立的购买力测算模型仍属于静态模型。

第五章　动态住房可支付能力测度方法研究

第一节　动态住房购买力测算模型 1

无论是城镇居民的收入，还是其消费结构，都并不是一成不变的，本节从现金流的预测角度出发，对静态测算模型进行改进，提出城镇居民住房购买力动态测算模型，并用北京市 2004~2013 年城镇居民生活、消费的数据进行预测分析①，与静态居民住房购买力模型进行对比。动态测算模型具体构建如下：先用最小二乘法建立收入的预测模型，然后用微分方程建立消费结构动态预测模型，再通过对收入群体随机游走的假设，从而建立起城镇居民住房购买力动态测算模型，这里简单记为 DIDC with RW，即动态收入动态消费，还考虑了收入群体的随机游走假设。

一、模型的建立

（一）城镇居民可支配收入预测模型

在我国经济迅速增长的同时，城镇居民的收入也有了明显提高，由 1990~2013 年北京市城镇居民家庭低、中低、中等、中高、高收入水平家庭平均收入趋势图（图 5.1）可以看出，增长趋势近似趋近于线性。

因此，以城镇居民历年来可支配收入的统计资料，运用最小二乘法建立如下时间序列模型：

$$\ln y_t = a + b\ln y_{t-1} \text{或者 } y_t = a + by_{t-1} \tag{5.1}$$

① 本部分预测均指基于 2013 年之前的数据预测 2014~2020 年的数据。

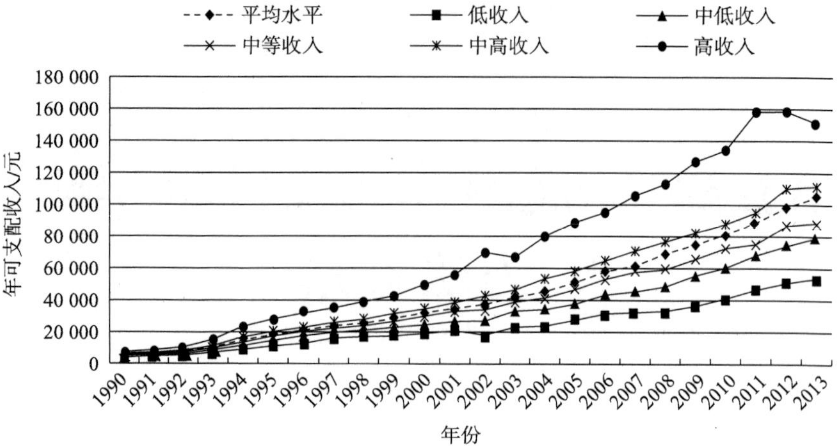

图 5.1　1990~2013 年北京市城镇居民家庭低、中低、中等、中高、高收入水平家庭平均收入趋势

其中，y_{t-1} 为 $t-1$ 时期城镇居民家庭平均可支配收入；y_t 为 t 时期城镇居民家庭平均可支配收入；b、a 分别为系数与截距项。

按家庭收入水平 j 将城镇居民家庭细分，设 j 收入水平下的城镇居民家庭平均可支配收入在 t 时期为 y_{jt}，在 $t-1$ 时期为 $y_{j,t-1}$，其中，$j \in \Omega_2$，$\Omega_2 = \{1,2,3,4,5\}$，表示各收入家庭集合，数字 1~5 分别表示不同家庭的收入类别为低、中低、中等、中高、高。

则对应的时间序列模型为

$$\ln y_{jt} = a + b\ln y_{j,t-1} \text{或者} y_{jt} = a + by_{j,t-1} \tag{5.2}$$

（二）城镇居民消费结构预测模型

把居民的剩余生活消费品作为存量在下一年进行消费，把该年的可支配收入或纯收入看做对居民生活消费品在一定程度上的补充，为此建立如下动态消费结构模型（何宜庆，1994）：

$$V(t) = \alpha + \beta S(t) + \gamma y(t) \tag{5.3}$$

$$\dot{S}(t) = \delta y(t) - \sigma S(t) \tag{5.4}$$

其中，$V(t)$ 表示 t 时刻某类消费品的支出额；$S(t)$ 表示 t 时刻这类消费品的存量（对于耐用品）或 t 时刻的习惯力（对于习惯性消费品）；$y(t)$ 表示 t 时刻的可支配收入；$\dot{S}(t)$ 表示 t 时刻的存量变化率，即 $\dot{S}(t) = \mathrm{d}S(t)/\mathrm{d}t$；$\alpha,\beta,\gamma,\sigma$ 为模型参数，σ 对于耐用品表示折旧率，对于习惯性消费品表示习惯衰减率，参数 β 对于耐用品（为负）表示存量越大本期购买越少，或对于习惯性消费品（为正）表示习惯力越大购买就越多；δ表示收入用于购买这类消费品的比重。

对上述模型进行整理后，可得到动态消费函数的微分形式如下：

$$\dot{V}(t)=\alpha\sigma+(\beta\delta+\sigma\gamma)y(t)-\sigma V(t)+\gamma\dot{y}(t) \tag{5.5}$$

以一阶差分代替变化率：$\dot{V}(t)\approx V_t-V_{t-1}$，$\dot{y}(t)\approx y_t-y_{t-1}$

以两时期的平均数代替时点：$V(t)\approx\frac{1}{2}(V_t+V_{t-1})$，$y(t)\approx\frac{1}{2}(y_t+y_{t-1})$

得到该模型的计算形式：

$$V_t=A_0+A_1V_{t-1}+A_2y_t+A_3y_{t-1}+\varepsilon_t \tag{5.6}$$

其中，ε_t为误差，各个参数与式（5.6）之间的关系为

$$A_0=\frac{2\alpha\sigma}{2+\sigma},\ A_1=\frac{2-\sigma}{2+\sigma}$$
$$A_2=\frac{\beta\delta+\sigma\gamma+\gamma}{2+\sigma},\ A_3=\frac{\beta\delta+\sigma\gamma-\gamma}{2+\sigma} \tag{5.7}$$

整理后得

$$\alpha=\frac{A_0}{1-A_1},\ \sigma=\frac{2(1-A_1)}{1+A_1},\ \gamma=\frac{A_2-A_3}{1+A_1},\ \beta\delta=\frac{4(A_1A_2+A_3)}{(1+A_1)^2} \tag{5.8}$$

按家庭收入水平j将城镇居民家庭细分，$j\in\Omega_2$，则由式（5.6）可以得到如下模型：

$$V_{j,t}=A_0+A_1V_{j,t-1}+A_2y_{j,t}+A_3y_{j,t-1}+\varepsilon_{jt} \tag{5.9}$$

根据各收入水平j下城镇居民家庭的前一期消费结构数据$V_{j,t-1}$、可支配收入水平$y_{j,t-1}$，以及本期的可支配收入$y_{j,t}$，可以由式（5.9）预测出本期的消费结构。

（三）收入群体随机游走假说

各因素对各家庭的收入影响不同，因而各收入群体会产生不同的变化。在当代收入分配理论的新发展研究中，这种各收入群体的变化已经引起不少学者重视。尹恒等（2002）介绍了当代收入分配理论的新发展，包括内生收入分配格局的人力资本机制、工资机制、利率机制，并考察了技术变化、金融发展与收入分配动态演化的关系及 Lucas 的偏好扰动理论，还介绍了收入分配福利评价理论。Galor 和 Zeira（1999）用叠代（overlapping generation，OLG）模型在一个小型开放经济中从人力资本投资角度研究了收入分配格局的动态演化。Matsuyama（2000）从利率和信贷市场均衡角度研究了收入分配的演化，并得出各收入水平家庭财富演化的差分方程。

从这些研究可以看出，收入差距是值得注意的问题，尤为重要的是对我国社

会中不同收入水平家庭之间的收入转移矩阵的研究。该矩阵可以反映低收入家庭脱贫的能力，也会反映出我国未来家庭收入的结构；而且从上面的研究可以看出，该矩阵的设定和我国社会的生产效率及金融发展水平有关，但目前这方面的研究仍是空白的，因而对城镇居民家庭收入的预测，要考虑到不同收入水平家庭之间的转化性。

将城镇居民家庭按可支配收入水平划分为 $i=\{$低、中低、中等、中高、高$\}$五个状态，$i\in\Omega_2$，则 $X_n=i$ 表示 n 年，该家庭属于 i 收入水平状态，假设某 t+1 时期收入水平状态 i 仅与 t 时期有关，则 X_n 为离散时间的 Markov 链。

$P_{11}^{n,n+1}$ 表示对于在第 n 年状态为 $i=1$ 的低收入城镇居民家庭来说，在第 n+1 年时状态仍为 i=1（低收入家庭）的概率为 P_{11}；$P_{ij}^{n,n+1}$ 为状态转移概率，表示在第 n 年状态为 i 的家庭，在第 n+1 年状态为 j 的概率为 P_{ij}；$P_{ij}^{(n)}$ 表示 Markov 链的 n 步转移概率，这里一步时间为一年，且根据 Markov 链的性质有 $P_{ij}^{(n)}=\sum\limits_{k=1}^{\infty}P_{ik}P_{kj}^{(n-1)}$。

则该 Markov 链的转移概率矩阵为

$$\boldsymbol{P}=\begin{pmatrix} P_{11} & P_{12} & \cdots & P_{15} \\ P_{21} & P_{22} & \cdots & P_{25} \\ \vdots & \vdots & & \vdots \\ P_{51} & P_{52} & \cdots & P_{55} \end{pmatrix} \tag{5.10}$$

（四）各收入家庭动态可支付的住房购买力测算模型

根据购房抵押贷款中假定：可支配月收入为 m 元，月还款额占家庭可支配月收入的比例为 w，贷款年限为 n 年，贷款年利率为 r，住宅的价格为每套 p 元，首付比率为 x，则根据等额还款原理有

$$(1-x)p\times\left(1+\frac{r}{12}\right)^{12n}=\sum_{t=1}^{n}\sum_{u=1}^{12}w_j(t)m_j(t)\left(1+\frac{r}{12}\right)^{12[n-(t-1)]-u},\quad j\in\Omega_2$$

以现在为折限起点则上式可写为

$$(1-x)p=\sum_{t=1}^{n}\sum_{u=1}^{12}w_j(t)m_j(t)\left(1+\frac{r}{12}\right)^{-12(t-1)-u},\ j\in\Omega_2 \tag{5.11}$$

其中，$\Omega_2=\{1,2,3,4,5\}$，意义同上。

式（5.11）为现金流折限到贷款期限终点的表达式，不同时间的还款现金流如下。

第一年各月份的还款现金流分别为：$w_1m_1\left(1+\frac{r}{12}\right)^{-1}$，$w_1m_1\left(1+\frac{r}{12}\right)^{-2}$，…，$w_1m_1\left(1+\frac{r}{12}\right)^{-12}$。

第二年各月份的还款现金流分别为：$w_2m_2\left(1+\frac{r}{12}\right)^{-13}$，$w_2m_2\left(1+\frac{r}{12}\right)^{-14}$，…，$w_2m_2\left(1+\frac{r}{12}\right)^{-24}$。

……

第 n 年各月份的还款现金流分别为：$w_nm_n\left(1+\frac{r}{12}\right)^{-12(n-1)-1}$，$w_nm_n\left(1+\frac{r}{12}\right)^{-12(n-1)-2}$，…，$w_nm_n\left(1+\frac{r}{12}\right)^{-12(n-1)-12}$。

对于不同 j 收入家庭而言，未来的还款现金流如下。

第一年各月份的还款现金流分别为：$w_j(1)m_j(1)\times\left(1+\frac{r}{12}\right)^{-1}, w_j(1)m_j(1)\times\left(1+\frac{r}{12}\right)^{-2},\cdots,w_j(1)m_j(1)\times\left(1+\frac{r}{12}\right)^{-12}$。

第二年各月份的还款现金流分别为：$w_j(2)m_j(2)\times\left(1+\frac{r}{12}\right)^{-13}, w_j(2)m_j(2)\times\left(1+\frac{r}{12}\right)^{-14},\cdots,w_j(2)m_j(2)\times\left(1+\frac{r}{12}\right)^{-24}$。

第 n 年各月份的还款现金流分别为：$w_j(n)m_j(n)\times\left(1+\frac{r}{12}\right)^{-12(n-1)-1}, w_j(n)m_j(n)\times\left(1+\frac{r}{12}\right)^{-12(n-1)-2},\cdots,w_j(n)m_j(n)\times\left(1+\frac{r}{12}\right)^{-12(n-1)-12}$。

根据本节“（三）收入群体随机游走假说”对不同收入水平随机游走的假设，则有：本年为 j 收入水平的城镇居民，在之后第 t 年的可支配收入为

$$m_j(t)=P_{j1}^{(t)}\hat{m}_1(t)+P_{j2}^{(t)}\hat{m}_2(t)+\cdots+P_{j5}^{(t)}\hat{m}_5(t) \quad (5.12)$$

因而收入为 j 水平的城镇居民在 n 年内的住房可支付能力可以用式（5.13）表示：

$$\sum_{t=1}^{n}\sum_{u=1}^{12}w_j(t)m_j(t)\left(1+\frac{r}{12}\right)^{-12(t-1)-u} \quad (5.13)$$

这里为了研究住房消费和其他消费的关系，仍有如下假设。

假设 5.1：消费支出的 8 个项目决定了城镇居民的正常基本消费。

假设5.2：如果一个理智的家庭决定或正在买房，就会适当减少不必要的消费，但不会减少前 6 项的消费，即衣服、食品、交通与通信、教育文化娱乐服务、医疗保健、家庭设备及服务等。

对于居民的消费行为而言，假设 5.1 和假设 5.2 通常是合理的，因而从各收入家庭的月还款比例矩阵$\left(\boldsymbol{w}_{nj}\right)_{8\times5}$中可以得到合理的月还款额比例$w_j$的取值范围为

$$\forall j \in \Omega_2,\ w_{8j} \leqslant w_j \leqslant w_{6j}$$

其中，w_j仍指j收入水平家庭合理的月还款比例；w_{nj}仍表示除了家庭消费支出表中前n项消费外，j收入家庭将剩余的可支配收入用于住房还款的比例。

二、实证研究

（一）动态收入预测

以北京市 1990~2013 年城镇居民可支配收入的统计资料，运用最小二乘法建立如下时间序列模型：

$$\ln y_t = a + b\ln y_{t-1} \text{ 或者 } y_t = a + by_{t-1}$$

建模得到低收入水平（j=1）居民家庭可支配收入模型为

$$\ln y_{1t} = 0.720 + 0.938\ln y_{1,\,t-1}$$

（0.236）（0.024）　　N=23

t=（3.046）（38.971）

R^2=0.986　调整的R^2=0.986　Durbin-Watson=2.325

建模得到中低收入水平（j=2）居民家庭可支配收入模型为

$$\ln y_{2t} = 0.650 + 0.947\ln y_{2,\,t-1}$$

（0.185）（0.018）　　N=23

t=（3.514）（51.777）

R^2=0.992　调整的R^2=0.991　Durbin-Watson=1.957

建模得到中等收入水平（j=3）居民家庭可支配收入模型为

$$y_{3t} = 0.727 + 0.941 y_{3,\,t-1}$$

（0.168）（0.016）　　N=23

t=（4.325）（57.521）

R^2=0.994　调整的R^2=0.993　Durbin-Watson=1.353

建模得到中高收入水平（j=4）居民家庭可支配收入模型为

$$y_{4t} = 0.704 + 0.944 y_{4,t-1}$$

（0.181）（0.017）　　N=23

t=（2.244）（43.828）

R^2=0.993　调整的 R^2=0.993　Durbin-Watson=1.264

建模得到高收入水平（j=5）居民家庭可支配收入模型为

$$y_{5t} = 0.947 + 0.924 y_{5,t-1}$$

（0.222）（0.021）　　N=23

t=（1.392）（32.740）

R^2=0.99　调整的 R^2=0.989　Durbin-Watson=1.799

上述模型都通过了检验，根据上述模型测算出不同收入水平北京市城镇居民家庭在 2014~2020 年的收入，如表 5.1 所示。

表 5.1　2014~2020 年北京市城镇居民家庭年收入预测表（单位：元）

年份	低收入	中低收入	中等收入	中高收入	高收入
2014	56 148	83 515	93 695	117 667	157 291
2015	58 556	87 741	98 655	123 721	163 317
2016	60 908	91 940	103 561	129 721	169 090
2017	63 200	96 102	108 401	135 651	174 605
2018	65 428	100 216	113 161	141 498	179 861
2019	67 589	104 275	117 831	147 249	184 858
2020	69 681	108 270	122 402	152 892	189 599

（二）动态消费结构预测

利用最小二乘法和式（5.9）对 1990~2013 年北京市城镇居民家庭消费结构的统计资料进行拟合，模型系数结构如表 5.2 所示。

表 5.2　北京市各收入水平城镇居民家庭消费结构模型系数表

收入水平	系数	食品	衣服	家庭设备及服务	医疗保健	交通与通信	教育文化娱乐服务	居住	杂项商品与服务
低收入	A0	1 424.802	61.980	50.304	25.898	− 298.789	216.045	− 61.859	89.055
	A1	0.566	0.392	0.441	0.659	0.473	0.524	0.488	0.385
	A2	0.208	0.078	0.027	0.046	− 0.015	− 0.026	0	0.006
	A3	0.095	− 0.032	0.004	− 0.022	0.082	0.088	0.047	0.010
中低收入	A0	1 254.67	331.345	189.408	234.459	− 1 444.487	252.597	85.054	165.076
	A1	0.723	0.333	0.322	0.882	− 0.213	0.929	0.463	0.220
	A2	0.141	0.104	0.008	− 0.031	0.231	− 0.129	0.008	0.020
	A3	− 0.083	− 0.064	0.027	0.040	− 0.092	0.126	0.024	0

续表

收入水平	系数	食品	衣服	家庭设备及服务	医疗保健	交通与通信	教育文化娱乐服务	居住	杂项商品与服务
中等收入	A0	914.992	152.080	358.368	310.519	−922.762	177.787	53.126	156.662
	A1	0.778	0.662	0.305	0.943	0.314	0.769	0.457	0.444
	A2	0.241	0.143	0.023	−0.080	0.211	0.119	0.006	0.041
	A3	−0.205	−0.128	0.008	0.088	−0.140	−0.099	0.026	−0.027
中高收入	A0	943.546	153.238	519.738	124.56	299.422	169.152	110.868	60.485
	A1	0.792	0.744	0.493	0.888	0.676	0.721	0.523	0.785
	A2	0.211	0.115	0.019	0.075	−0.229	0.162	0.029	0.032
	A3	−0.184	−0.103	0.002	−0.075	0.287	−0.141	−0.004	−0.026
高收入	A0	1 626.617	264.732	1 148.682	186.479	−726.386	213.696	49.365	342.028
	A1	0.634	0.755	0.508	0.738	0.541	0.775	0.499	0.522
	A2	0.105	0.044	0.010	0.040	0.092	0.081	0.052	0.008
	A3	−0.059	−0.029	0.004	−0.032	−0.033	−0.060	−0.027	0.007

由该模型预测出 2014~2020 年北京市各收入水平城镇居民家庭的消费结构，可以求得 2014~2020 年每月平均还款额占月可支配收入比合理区间为 $w_{8j} \leqslant w_j \leqslant w_{6j}$，见表 5.3。由表 5.3 的结果可以得出如下结论：低收入家庭的 w_j 在逐年降低，中低收入、中等收入、中高收入、高收入家庭的 w_j 在逐年升高。低收入群体用于支付住房的能力在逐步变弱，必须通过国家的相关住房保障政策来解决。

表 5.3　2014~2020 年北京市各收入水平城镇居民家庭合理 w_j 的取值区间

年份	低收入家庭		中低收入家庭		中等收入家庭		中高收入家庭		高收入家庭	
	上限	下限	上限	下限	上限	下限	上限	下限	上限	下限
2014	0.274	0.164	0.403	0.321	0.407	0.321	0.448	0.364	0.492	0.407
2015	0.267	0.157	0.419	0.336	0.411	0.326	0.449	0.364	0.494	0.409
2016	0.263	0.153	0.430	0.346	0.415	0.330	0.451	0.366	0.495	0.410
2017	0.260	0.150	0.440	0.356	0.418	0.333	0.453	0.369	0.495	0.411
2018	0.259	0.148	0.449	0.365	0.420	0.336	0.455	0.371	0.496	0.412
2019	0.258	0.147	0.457	0.373	0.422	0.338	0.457	0.373	0.497	0.412
2020	0.258	0.146	0.464	0.379	0.424	0.339	0.459	0.376	0.497	0.413

（三）各收入阶层住房可支付能力动态预测

$$
\boldsymbol{P}=\begin{pmatrix} P_{11} & P_{12} & \cdots & P_{15} \\ P_{21} & P_{22} & \cdots & P_{25} \\ \vdots & \vdots & & \vdots \\ P_{51} & P_{52} & \cdots & P_{55} \end{pmatrix}
$$

如果 $\boldsymbol{P}$ 取值为单位矩阵，则表示某家庭从一个收入水平到另一个收入水平的可能性为 0，该家庭始终保持现在的收入水平，不随时间而改变；根据我国社会主义市场经济下城镇居民的特点，该 Markov 链和状态转移矩阵应具有如下性质。

（1）该 Markov 链是不可约的，即各个状态都应该是互达的。

（2）$\sum_{j=1}^{5} P_{ij}=1$，$i=1,2,\cdots,5$。

该状态转移矩阵可以根据历年城镇居民的普查结果推算出，计算与实证颇为烦琐，在这里我们不妨根据指数等比序列：$2^0,2^3,2^6,2^9,2^{12}$，假设 $\boldsymbol{P}$ 取值如下：

$$
\boldsymbol{P}=\begin{pmatrix} \frac{2^{12}}{4\,681} & \frac{2^{9}}{4\,681} & \frac{2^{6}}{4\,681} & \frac{2^{3}}{4\,681} & \frac{2^{0}}{4\,681} \\ \frac{2^{9}}{5\,192} & \frac{2^{12}}{5\,192} & \frac{2^{9}}{5\,192} & \frac{2^{6}}{5\,192} & \frac{2^{3}}{5\,192} \\ \frac{2^{6}}{5\,248} & \frac{2^{9}}{5\,248} & \frac{2^{12}}{5\,248} & \frac{2^{9}}{5\,248} & \frac{2^{6}}{5\,248} \\ \frac{2^{3}}{5\,192} & \frac{2^{6}}{5\,192} & \frac{2^{9}}{5\,192} & \frac{2^{12}}{5\,192} & \frac{2^{9}}{5\,192} \\ \frac{2^{0}}{4\,681} & \frac{2^{3}}{4\,681} & \frac{2^{6}}{4\,681} & \frac{2^{9}}{4\,681} & \frac{2^{12}}{4\,681} \end{pmatrix}
$$

即

$$
\boldsymbol{P}=\begin{pmatrix} 0.875\,0 & 0.109\,4 & 0.013\,7 & 0.001\,7 & 0.000\,2 \\ 0.098\,6 & 0.788\,9 & 0.098\,6 & 0.012\,3 & 0.001\,5 \\ 0.012\,1 & 0.096\,9 & 0.775\,2 & 0.096\,9 & 0.012\,1 \\ 0.001\,5 & 0.012\,3 & 0.098\,6 & 0.788\,9 & 0.098\,6 \\ 0.000\,2 & 0.001\,7 & 0.013\,7 & 0.109\,4 & 0.875\,0 \end{pmatrix}
$$

该状态转移矩阵考察的是 2013 年不同收入状态的家庭，在之后几年内所处的收入状态，进而确定其收入区间，测算其住房可支付能力。

根据对不同收入水平随机游走的假设，得出结论：本年为 j 收入水平的城镇居民，在之后第 t 年的可支配收入为

$$m_j\left(t\right)=P_{j1}^{(t)}\hat{m}_1\left(t\right)+P_{j2}^{(t)}\hat{m}_2\left(t\right)+\cdots+P_{j5}^{(t)}\hat{m}_5\left(t\right) \tag{5.14}$$

由式（5.14）得出计算结果见表5.4。

表5.4　2013年北京市各收入水平城镇居民家庭在2014~2020年7年内的收入预测表（单位：万元）

年份	低收入家庭	中低收入家庭	中等收入家庭	中高收入家庭	高收入家庭
2014	6.0	8.2	9.5	11.9	15.2
2015	6.6	8.6	10.0	12.5	15.3
2016	7.1	9.0	10.6	13.0	15.5
2017	7.7	9.4	11.1	13.5	15.7
2018	8.3	9.9	11.5	13.9	15.9
2019	8.8	10.3	12.0	14.3	16.2
2020	9.4	10.8	12.4	14.7	16.4

矩阵 $\boldsymbol{P}$ 表明 2013 年为不同收入水平的家庭在之后几年的收入情况。例如，2013 年为低收入的家庭，在 2014 年仍为低收入家庭的概率是 $2^{12}/4\,681$，为中低收入家庭的概率为 $2^9/4\,681$，为中等收入家庭的概率为 $2^6/4\,681$，为中高收入家庭的概率为 $2^3/4\,681$，为高收入家庭的概率为 $2^0/4\,681$，这里 $2^{12}/4\,681+2^9/4\,681+2^6/4\,681+2^3/4\,681+2^0/4\,681=1$，而 2014 年各收入水平家庭的平均收入 $12\hat{m}_j\left(t\right)=y_{jt}$，$t=2014$，因而可以计算出 2013 年为低收入的家庭在 2014 年的收入为 6.0 万元。

收入为 j 水平的城镇居民在 n 年内的住房可支付能力可以用下面的公式表示：

$$\sum_{t=1}^{n}\sum_{u=1}^{12}w_j\left(t\right)m_j\left(t\right)\left(1+\frac{r}{12}\right)^{12(t-1)-u}$$

$$w_{8j}\leqslant w_j\leqslant w_{6j},\ j\in\Omega_2$$

$$m_j\left(t\right)=P_{j1}^{(t)}\hat{m}_1\left(t\right)+P_{j2}^{(t)}\hat{m}_2\left(t\right)+\cdots+P_{j5}^{(t)}\hat{m}_5\left(t\right)$$

由以前的研究可知静态住房购买力测算模型为

$$\sum_{t=1}^{n}\sum_{u=1}^{12}w_jm_j\left(1+\frac{r}{12}\right)^{12(t-1)-m}$$

如果贷款期限、贷款利率相同，则两者的差别在于月可支配收入与月还款比例两个变量，由表 5.5 可知：2013 年的数据是静态模型测出的月还款额上下限；由动态住房购买力模型测算的每年月还款额上下限如表5.5中2014~2020年的数据所示，该结果表现出：各收入水平家庭的动态测算结果要比其静态模型测算的结果高一些。

表5.5　2013年北京市各收入水平城镇居民家庭在2014~2020年7年内月合理还款区间表（单位：元）

年份	低收入家庭		中低收入家庭		中等收入家庭		中高收入家庭		高收入家庭	
	上限	下限	上限	下限	上限	下限	上限	下限	上限	下限
2013	1 285	792	2 678	2 147	2 977	2 319	4 177	3 395	6 181	5 099
2014	1 364	819	2 767	2 203	3 216	2 534	4 436	3 598	6 235	5 154
2015	1 459	860	3 003	2 406	3 442	2 728	4 674	3 792	6 308	5 222
2016	1 564	910	3 225	2 595	3 654	2 907	4 893	3 977	6 394	5 299
2017	1 675	965	3 460	2 797	3 855	3 073	5 096	4 150	6 489	5 381
2018	1 787	1 024	3 697	3 001	4 043	3 229	5 285	4 311	6 588	5 466
2019	1 900	1 083	3 933	3 205	4 220	3 375	5 461	4 463	6 689	5 552
2020	2 012	1 142	4 168	3 407	4 387	3 512	5 625	4 605	6 790	5 638

第二节　动态住房购买力测算模型2

在第一节中，对收入的预测仅基于本身收入的增长趋势，并没有分析宏观因素对收入的影响，在这一节中首先从定性的角度分析影响收入的宏观因素与经济指标，并用北京市 1978~2013 年的数据进行了定量的分析，建立预测城镇居民可支配收入的 VAR 模型，并在此基础上对北京市城镇居民动态住房购买力进行测算，与静态住房购买力测算的结果比较表明动态住房购买力的测算值要大于静态测算值。这也同时说明，如果家庭的收入增长速度与平均可支配收入增长水平一致，则每年住房可支付能力是在不断增长的，也表明未来几年内整个社会的住房购买能力是在不断提高的。最后对相关研究工作进行了展望。

本节建立的模型及结论主要回答了两个问题：一是为什么要考虑住房购买力的动态测算模型，二是动态住房购买力测算和静态住房购买力测算之间有着什么样的关系。

一、影响城镇居民收入的相关因素分析

（一）研究收入问题的重要性

1. 收入影响消费

消费、投资、净出口是拉动我国经济增长的“三驾马车”，启动消费是我国经济增长的一个路径，然而无论是从西方消费经济论出发还是从我国的实证研究出发，居民的收入是消费的前提条件。

2. 收入影响城镇居民住房购买力

住房的生产周期长，而且住房的生产、使用和土地使用权又息息相关，土地是不可再生的资源，但住房又是生活必需品，这些方面决定了住房这种商品的特殊性。住房问题是广大居民普遍关心的“衣食住行”四大问题之一，我国进行住房改革后，目前面临的问题为住房价格一路攀升与居民收入增长相对滞后的突出矛盾，一方面这与住房金融政策的支持、人们的购买力和宏观经济增长相关，另一方面中低收入家庭对攀升的房价望而却步。城镇居民已逐渐接受通过信贷购买住房，当前如何衡量各收入水平城镇居民的购买力是一个很重要的问题，而对各家庭收入水平的预测是解决这个问题的关键。

（二）城镇居民收入的增长机制与因素影响

1. 城镇居民收入的增长机制

研究城镇居民的收入问题，首先要考虑居民收入的组成。居民收入由工资性收入、转移性收入、资本性收入、经营性收入、其他收入五类构成。工资性收入为居民劳动价值的货币体现，它和行业与职业有关；转移性收入主要是指政府转移和居民间互助往来、赠送、赡养等形成的收入；资本性收入是居民的“生息资产”的收入，主要有股息、红利、利息、租金等；经营性收入主要是指居民进行经营性活动所产生的收入，如个体户、私营企业主的收入很大部分为此收入；其他收入包括除了上述几种收入之外的收入，如专家的授课收入等。

从生产要素角度，按马克思主义的分配观来看，在生产要素分配制度下收入的分配是生产要素索取权的分配，劳动收入（如工资）增长的原因在于城镇居民劳动力价值水平在不断提高。而居民资产收入增长率是由居民资产、生息资产占其收入的比例、生息资产收入率决定的。

从宏观经济的角度出发，收入在政府、企业与个人之间进行分配，GDP（国内生产总值）支出法的流程图（图 5.2）可以形象地揭示收入的分配与增长机制（塔克，2004）。

从微观经济角度，居民收入的增长机制与居民家庭中主要成员从事的职业、职位、受教育程度、工作地点有很大关系。不少学者做了这方面的研究，在分析居民收入差距时对此进行了分析，发现工资性收入在城镇居民整体收入不平等中贡献度最大；地区因素最重要；人力资本尤其是职业和教育起到了重要的作用；其他非生产力特征因素如性别、单位、产业等回报率在增加。

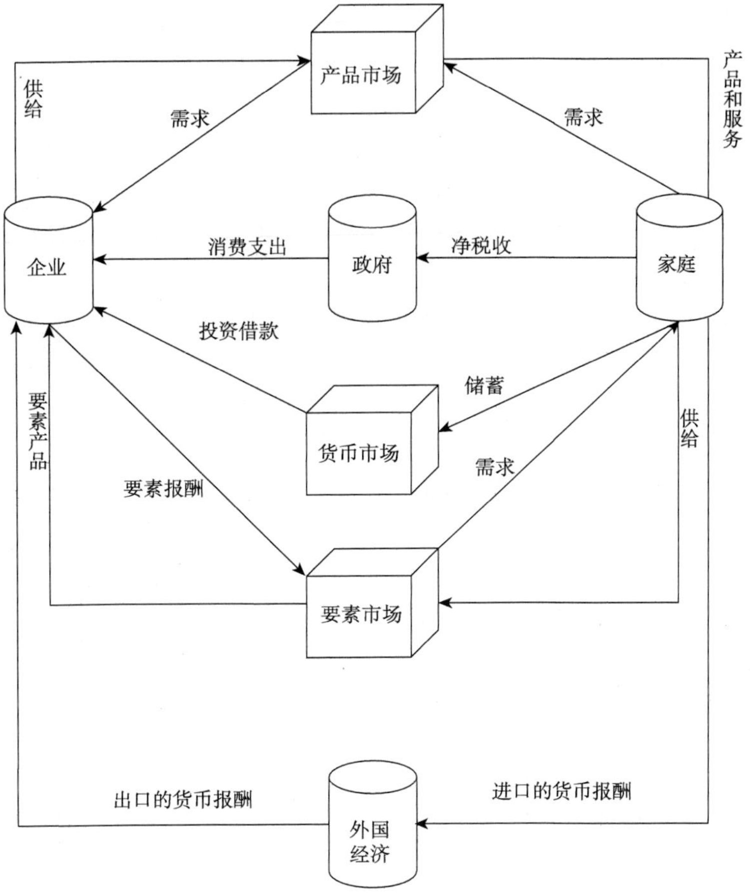

图 5.2　GDP 支出法的流程图

2. 城镇居民收入相关的因素

由收入分配与增长机制分析可以总结出，与城镇居民收入有关的宏观因素与微观因素如下。

宏观方面的指标：经济的增长、技术的进步、人口的变化、第二产业和第三产业的总值、物价指数、通货膨胀率、金融市场的繁荣程度、利率等。

微观方面的指标：户主的性别、受教育程度、职业、职位、工作时间、工作地点，以及人力资本投资等。

3. 因素间的定性分析与研究

闻潜（2005）指出人均收入的增长率和国家人均 GDP 的增长率有正相关性，曾宪龄和孙永杰（1999）的研究结果表明辽宁省的居民收入和第二产业、第三产业的总值有相关性，和技术进步、人口变化、物价指数、通货膨胀率、金融市场的繁荣程度也有一定的相关性，但研究主要集中于这些因素对收入差距的影响。既然这些因素对收入差距有影响，势必是对不同收入水平的家庭产生了不同的影响，从而加大了差距。陈年红和宋昭猛（2000）对国民经济整体水平的增长状况、国家经济成果分配政策的变化、人民群众要求增加收入的强度三者做了简单的分析，建立了一个城镇居民人均可支配收入增量模型，该模型是以人均 GDP 增量为自变量的半对数模型。杭斌和申春兰（2004）根据修正的误差修正模型（error correction model，ECM）分析了收入与消费之间的关系。上述研究或者集中于定性的研究，或者定量考虑了单个因素对收入的影响，为本节研究中变量的初选奠定了基础。

（三）各收入水平家庭的转换性

各因素对各家庭的收入影响不同，因而各收入群体会产生不同的变化。不同收入水平家庭之间的转化性的相关研究在本章第一节中已经论述。

二、影响城镇居民收入的相关因素间定量分析

（一）数据收集（北京：1978~2013 年）

研究数据来自《北京统计年鉴》和国家统计局网站，共36年的数据，其中缺少 1981~1985 年地方财政科教文卫事业支出数据，1978~2013 年北京市对外贸易数据来源于国家统计局，其余数据来源于《北京统计年鉴》。属性来自以下几个方面：人民生活基本情况、各种价格定基指数、地区生产总值、人口状况、地方财政收支、北京市对外经济贸易、城镇单位在岗职工、工资总额及平均工资情况、按登记注册类型从业人员情况，主要指标如下。

（1）城镇居民家庭平均每人全年可支配收入（元）。

（2）居民消费价格指数（1978 年=100）。

（3）第一产业值（亿元）、第二产业值（亿元）、第三产业值（亿元）、地区生产总值（亿元）、人均地区生产总值（元）。

（4）地方财政收入（亿元）、地方财政支出（亿元）、地方财政科教文卫事业支出（亿元）。

（5）城镇居民储蓄存款年底余额（亿元）。

（6）常住人口（万人）。

（7）在岗职工平均工资（元）、国有单位职工平均工资（元）、城镇集体单位职工平均工资（元）、其他单位职工平均工资（元）。

（8）地方进出口总额（万美元）、出口总额（万美元）。

（二）数据整理

（1）利用数据差值法，将1981~1985年北京市地方财政科教文卫事业支出数据补上①。

（2）计算出人均地区生产总值、人均第二产业增加值、人均第三产业增加值、人均储蓄存款、人均科教文卫费用、人均进出口总额，并统一量纲（元）（参见人均补数后整理）。

（3）为了减少数据的波动性，对其取对数，且取对数后差分的序列更易接近平稳序列。

（三）相关性分析

为筛选变量，研究收入和这些因素的相关性，先做相关性分析。相关性分析是研究变量间密切程度的一种常用统计方法。两个变量之间有如下几种常用的相关系数（在其他因素可变的情况下）。

（1）正态分布的等间隔测度的变量 x 与 y 间的相关系数采用 Pearson 积矩相关公式计算，称为 Pearson 相关系数。

（2）如果数据不满足正态分布条件，应该使用 Spearman 和 Kendall 相关分析法，根据数据的秩计算。

在其他因素不变的情况下，相关性分析可以用偏相关系数来实现。偏相关分析的任务就是在研究两个变量的线性相关关系时控制可能对其产生影响的变量。在这里没有采取计算偏相关系数（其原因为控制变量太多），而是采用 Pearson、Spearman、Kendall 相关分析法计算出其相关系数矩阵，人均可支配收入与上述各指标的相关关系如表 5.6 和表 5.7 所示。

表 5.6　人均可支配收入与主要变量的 Pearson 相关系数表

Pearson 相关系数		人均家庭总收入/元	人均消费支出/元	居民消费价格指数	人均地区生产总值/元	人均第二产业总值/元	人均第三产业总值/元	人均科教文卫事业费用/元	人均进出口总额（地方）/元	人均城乡居民储蓄存款/元
人均可支配收入/元	相关系数	1	0.999	0.979	0.998	0.999	0.997	0.989	0.985	0.994
	Sig.（2-tailed）	0	0	0	0	0	0	0	0	0
	N	36	36	36	36	36	36	36	36	36

① 通过《北京统计年鉴 2005》知 1981~1985 年科教文卫总费用为 24.82 亿元，教育事业总费用为 14.04 亿元，对 1981~1985 年科教文卫费用数据利用差值法将其补齐，根据历年来各指标数值走向，可以看出各指标数列为一个递增数列，根据对历年来增长百分率的分析，可以设 1981~1984 年增长率相同，均为 t，则 $y(80)\times(1+t)^5 = y(85)$，因而可以求出 t，则可以求出 1981~1985 各年科教文卫费用数据。

表 5.7　人均可支配收入与主要变量的 Kendall、Spearman 相关系数表

非参相关分析			人均家庭总收入/元	人均消费支出/元	居民消费价格指数	人均地区生产总值/元	人均第二产业总值/元	人均第三产业总值/元	人均科教文卫事业费用/元	人均进出口总额（地方）/元	人均城乡居民储蓄存款/元
Kendall's	人均可支配收入	相关系数	0.997	1.000	0.987	0.997	0.994	0.987	1.000	0.971	0.997
		Sig.（2-tailed）	0	0	0	0	0	0	0	0	0
		N	36	36	36	36	36	36	36	36	36
Spearman's	人均可支配收入	相关系数	1.000	1.000	0.998	1.000	0.999	0.998	1.000	0.996	1.000
		Sig.（2-tailed）	0	0	0	0	0	0	0	0	0
		N	36	36	36	36	36	36	36	36	36

根据相关系数初步选定居民消费价格指数、人均地区生产总值、人均第二产业总值、人均第三产业总值、人均科教文卫事业费用、人均城乡居民储蓄存款、人均进出口总额。

（四）单位根检验

平稳的随机过程是指：如果一个随机过程的均值和方差在时间过程上都是常数，并且在任何两时期之间的协方差值仅依赖于该两时期间的距离或滞后，而不是依赖于计算这个协方差的时间，则该随机过程为平稳（王梓坤，1978）。单位根检验是序列的平稳性检验方法之一。检验方法有序列的自相关分析图、DF 检验或者 ADF 检验，在这里采用较为常用的 ADF 检验。在 ADF 检验过程中，有两个问题值得重视，一是检验类型的确定，二是序列滞后期数的确定。本书在确定检验类型时，先做出了序列图形，对序列的数据轨迹进行观察，然后确定序列是否含有常数项、趋势项。关于滞后期数，需要先检验序列生成方程中残差项是否自相关，然后结合赤池信息量准则（Akaike information criterion，AIC）和施瓦兹准则（Schwarz criterion，SC）最小准则来加以确定。

检验的 10 个指标为：lnAAIN（人均可支配收入的对数）、lnTGDP（人均第三产业值的对数）、lnFCDX（居民消费价格指数的对数）、lnAGDP（人均地区生产总值的对数）、lnAIEX（人均进出口额的对数）、lnSGDP（人均第二产业值的对数）、lnADEP（人均储蓄存款的对数）、lnAESC（人均科教文卫事业费的对数）、lnACEX（人均消费支出的对数）、lnAFTI（人均家庭总收入的对数）。

lnAAIN 与其中 6 个指标的趋势图如图 5.3 所示。

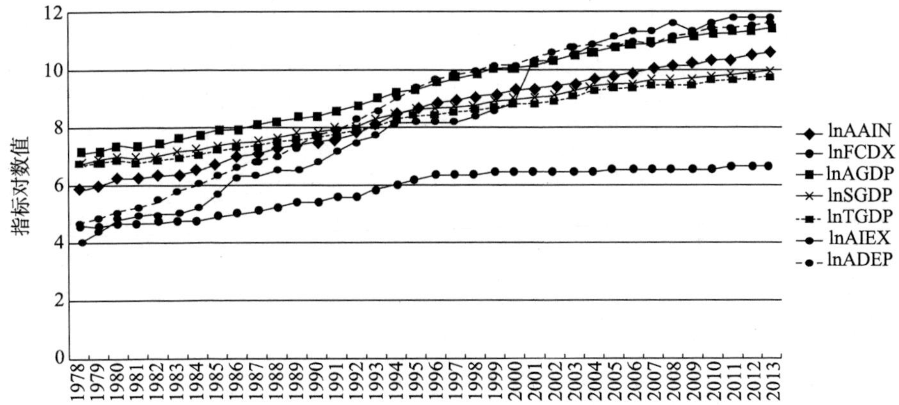

图 5.3　人均可支配收入对数值与其他六指标的趋势图（1978~2013 年）

lnAIEX 由于我国 2001 年加入世界贸易组织而有较大的增加

lnAAIN 与其余 3 个指标 lnAESC、lnACEX、lnAFTI 的趋势图如图 5.4 所示。

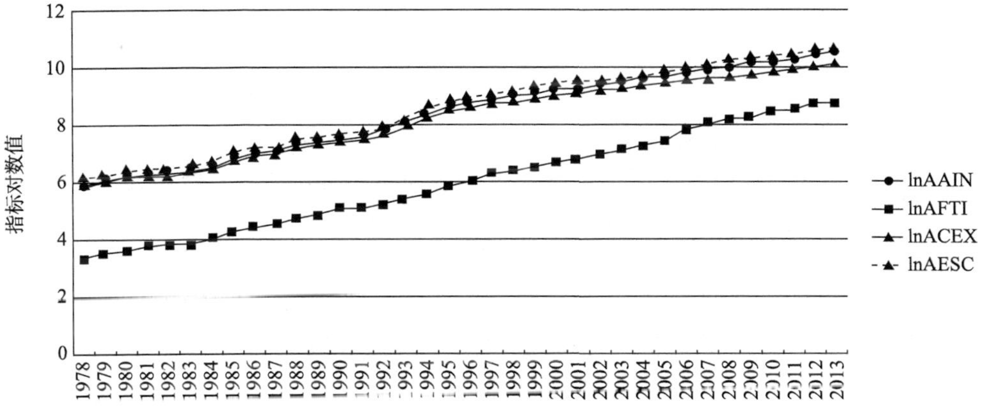

图 5.4　人均可支配收入对数值与其他三指标的趋势图（1978~2013 年）

各序列的 ADF 平稳性检验结果统计如表 5.8 所示。

表 5.8　对数变换后各序列的平稳性检验结果

差分阶数	统计量	人均家庭总收入	人均可支配收入	人均消费支出	居民消费价格指数	人均地区生产总值	人均第二产业值	人均第三产业值	人均科教文卫事业费	人均进出口额	人均储蓄存款
		ln AFTI	ln AAIN	ln ACEX	ln FCDX	ln AGDP	ln SGDP	ln TGDP	ln AESC	ln AIEX	ln ADEP
0 阶	t	− 1.120	− 1.012	− 1.253	− 1.582	− 0.748	− 0.825	− 0.589	0.525	− 1.115	− 3.672
	Prob.*	0.696	0.738	0.640	0.481	0.821	0.799	0.861	0.985	0.699	0.009

续表

差分阶数	统计量	人均家庭总收入	人均可支配收入	人均消费支出	居民消费价格指数	人均地区生产总值	人均第二产业值	人均第三产业值	人均科教文卫事业费	人均进出口额	人均储蓄存款
		ln AFTI	ln AAIN	ln ACEX	ln FCDX	ln AGDP	ln SGDP	ln TGDP	ln AESC	ln AIEX	ln ADEP
1 阶	t	− 4.100	− 3.187	− 3.809	− 2.596	− 3.703	− 4.051	− 4.703	− 4.920	− 6.003	− 2.457
	Prob.*	0.003**	0.030*	0.007**	0.104	0.009**	0.004**	0.001**	0.000**	0.000**	0.135
2 阶	t	− 7.720	− 6.454	− 7.380	− 6.844	− 7.528	− 7.464	− 8.202	− 8.664	− 10.385	− 8.550
	Prob.*	0.000**	0.000**	0.000**	0.000**	0.000**	0.000**	0.000**	0.000**	0.000**	0.000**

**和*分别表示在1%和10%的水平上显著

从表 5.8 可以看出，在 10%的显著性水平下，只有 lnFCDX、lnADEP 的一阶差分没有通过检验；其余指标的一阶差分均通过单位根检验。收入是导致消费增长的直接原因，因而在下文的人均可支配收入预测建模中，选定的变量为人均地区生产总值、人均第二产业值、人均第三产业值、人均科教文卫事业费。

三、VAR 模型对收入的预测

（一）VAR 建模

VAR 模型通常用于对相关时间序列系统的预测和分析随机扰动对变量系统的动态影响。单一方程模型仅仅建立从一个或者多个解释变量 X 到一个因变量的因果关系，而许多情况下这个单项因果关系是没有意义的，如人均可支配收入、人均 GDP、人均科教文卫事业费支出之间并不是简单的因果关系，联立方程可以解决该问题。在联立方程时要分清内生变量和外生变量，Sims 认为如果在一组变量中有真实的联立性，那么这些变量就应该被平等地加以对待，而不应该区别对待。依据这个原则，他首先提出了 VAR 模型（古扎拉蒂，2005）。

最一般的 VAR 模型数学表达式为

$$\boldsymbol{Y}_t = \boldsymbol{A}_1\boldsymbol{Y}_{t-1} + \cdots + \boldsymbol{A}_p\boldsymbol{Y}_{t-p} + \boldsymbol{B}_1\boldsymbol{X}_t + \cdots + \boldsymbol{B}_r\boldsymbol{X}_{t-r} + \boldsymbol{\varepsilon}_t \tag{5.15}$$

其中，$\boldsymbol{Y}_t$ 为 m 维内生变量向量；$\boldsymbol{X}_t$ 为 d 维外生变量向量；$\boldsymbol{A}_1, \boldsymbol{A}_2, \cdots, \boldsymbol{A}_p$ 和 $\boldsymbol{B}_1, \boldsymbol{B}_2, \cdots, \boldsymbol{B}_r$ 为待估计的参数矩阵，内生变量和外生变量分别有 p 和 r 阶滞后期；$\boldsymbol{\varepsilon}_t$ 为随机扰动项。

通过前面的宏观分析，选取变量建立 VAR 模型。在这里我们考虑两组相关的时间序列。

（1）VAR1（人均可支配收入、人均 GDP、人均科教文卫事业费支出）。

（2）VAR2（人均可支配收入、人均第二产业值、人均第三产业值）。

1. 滞后阶数的选取

由对数似然值、AIC、SC的选取规则，通过表5.9和表5.10的比较可知VAR1选滞后3阶最为适合；VAR2选择滞后2阶则比较合适。

表 5.9　不同滞后阶数 VAR1 的对数似然值、AIC 指标、SC 指标值

指标＼滞后阶数	2 阶	3 阶	4 阶
对数似然值	170.016 6	180.675 5	190.551 9
AIC 值	− 8.765 685	− 9.131 848	− 9.471 995
SC 值	− 7.822 933	− 7.771 387	− 7.685 629

表 5.10　不同滞后阶数 VAR2 的对数似然值、AIC 指标、SC 指标值

指标＼滞后阶数	2 阶	3 阶	4 阶
对数似然值	223.997 8	223.299 0	227.377 1
AIC 值	− 11.941 05	− 11.715 09	− 11.773 57
SC 值	− 10.998 3	− 10.354 63	− 9.987 206

2. 建模及模型估计

通过 2 阶滞后 lnAAIN、lnAGDP、lnAESC 三列时间序列向量建模得到的VAR1模型见表5.11~表5.13。

表 5.11　VAR1 模型参数估计

X＼Y	lnAAIN	lnAGDP	lnAESC
lnAAIN（−1）	1.259 594	0.038 292	0.061 461
	（0.242 25）	（0.194 29）	（0.248 48）
	[5.199 56]	[0.197 08]	[0.247 35]
lnAAIN（−2）	− 0.417 595	0.083 560	− 0.339 889
	（0.243 83）	（0.195 56）	（0.250 10）
	[− 1.712 64]	[0.427 28]	[− 1.359 01]
lnAGDP（−1）	0.493 187	1.220 564	0.404 812
	（0.334 82）	（0.268 54）	（0.343 43）
	[1.472 97]	[4.545 18]	[1.178 72]
lnAGDP（−2）	− 0.291 710	− 0.325 589	0.258 009
	（0.362 03）	（0.290 36）	（0.371 34）
	[− 0.805 77]	[− 1.121 33]	[0.694 81]

续表

Y / X	lnAAIN	lnAGDP	lnAESC
lnAESC（−1）	−0.123 176	0.026 362	0.738 479
	（0.185 69）	（0.148 93）	（0.190 47）
	[−0.663 33]	[0.177 01]	[3.877 18]
lnAESC（−2）	0.087 805	−0.052 373	−0.040 980
	（0.164 75）	（0.132 13）	（0.168 98）
	[0.532 97]	[−0.396 36]	[−0.242 51]
C	−0.291 087	0.200 286	−1.925 491
	（0.639 53）	（0.512 93）	（0.655 98）
	[−0.455 16]	[0.390 48]	[−2.935 31]

表 5.12 VAR1 模型各方程检验的结果

变量 / 指标	lnAAIN	lnAGDP	lnAESC
R^2	0.998 399	0.998 863	0.998 726
调整的 R^2	0.998 043	0.998 611	0.998 443
残差平方和	0.108 793	0.069 982	0.114 460
F 值	2 805.732	3 954.365	3 528.763
对数似然值	49.415 46	56.915 98	48.552 28
AIC 值	−2.495 027	−2.936 234	−2.444 252
SC 值	−2.180 776	−2.621 983	−2.130 001

表 5.13 VAR1 模型整体检验结果

指标	数值
对数似然值	170.016 6
AIC 值	−8.765 685
SC 值	−7.822 933

通过 2 阶滞后 lnAAIN、lnSGDP、lnTGDP 三列时间序列向量建模得到的 VAR2 模型见表 5.14~表 5.16。

表 5.14 VAR2 模型参数估计

Y / X	lnAAIN	lnSGDP	lnTGDP
lnAAIN（−1）	0.776 553	0.094 260	−0.025 066
	（0.295 91）	（0.309 55）	（0.331 42）
	[2.624 26]	[0.304 50]	[−0.075 63]
lnAAIN（−2）	−0.138 400	0.179 252	0.175 579

续表

X \ Y	lnAAIN	lnSGDP	lnTGDP
lnAAIN（−2）	（0.186 34）	（0.194 93）	（0.208 70）
	[− 0.742 73]	[0.919 58]	[0.841 30]
lnSGDP（−1）	2.876 986	1.778 435	1.169 971
	（0.820 80）	（0.858 63）	（0.919 30）
	[3.505 10]	[2.071 24]	[1.272 68]
lnSGDP（−2）	− 1.157 564	− 1.339 063	− 0.818 934
	（0.972 19）	（1.017 00）	（1.088 85）
	[− 1.190 68]	[− 1.316 68]	[− 0.752 11]
lnTGDP（−1）	− 2.079 771	− 0.591 237	− 0.008 478
	（0.687 75）	（0.719 45）	（0.770 28）
	[− 3.024 02]	[− 0.821 79]	[− 0.011 01]
lnTGDP（−2）	0.834 326	0.755 085	0.417 284
	（0.792 53）	（0.829 06）	（0.887 63）
	[1.052 74]	[0.910 78]	[0.470 11]
C	− 1.098 914	1.139 962	0.730 959
	（0.844 72）	（0.883 65）	（0.946 09）
	[− 1.300 92]	[1.290 05]	[0.772 61]

表 5.15　VAR2 模型各方程检验的结果

指标 \ 变量	lnAAIN	lnAGDP	lnAESC
R^2	0.998 850	0.997 394	0.996 848
调整的 R^2	0.998 595	0.996 815	0.996 148
残差平方和	0.078 101	0.085 466	0.097 970
F 值	3 910.113	1 722.549	1 423.158
对数似然值	55.050 10	53.517 97	51.196 85
AIC 值	− 2.826 476	− 2.736 351	− 2.599 815
SC 值	− 2.512 226	− 2.422 100	− 2.285 564

表 5.16　VAR2 模型整体检验结果

指标	数值
对数似然值	223.997 8
AIC 值	− 11.941 05
SC 值	− 10.998 30

（二）AR 建模

为了比较上述 VAR 模型的结果，用人均可支配收入做了自回归，AR（2）其中的阶数是根据 AAIN 的自相关分析图得出的，所建立的 AR 模型及模型估计结果见表 5.17。

表 5.17 AR 模型参数估计及检验结果

变量	系数	标准误差	*t* 统计量	*P* 值.
C	− 1 698.601	1 195.899	− 1.420 355	0.165 5
AR（1）	1.402 408	0.170 861	8.207 879	0.000 0
AR（2）	− 0.331 321	0.188 599	− 1.756 747	0.088 8
R^2	0.999 240	因变量均值		11 036.85
调整的 R^2	0.999 191	因变量标准差		11 613.88
回归标准误差	330.284 7	AIC 值		14.521 88
残差平方和	3 381 728	SC 值		14.656 56
对数似然值	− 243.872 0	汉南–奎因准则		14.567 81
F 统计量	20 385.99	杜宾统计量		1.934 213
P 值（*F* 统计量）	0.000 000			

（三）预测

通过 AR（2）预测我们可以得到 2014~2020 年北京市城镇居民的人均可支配收入值和平均家庭可支配收入，结果见表 5.18。

表 5.18 VAR 和 AR 模型对北京市 2014~2020 年人均可支配收入的预测表

年份	人均可支配收入预测/元			平均家庭可支配收入预测/万元		
	AR（2）	VAR1（3）	VAR2（2）	AR（2）	VAR1（3）	VAR2（2）
2014	42 765	44 268	42 929	12.8	13.3	12.9
2015	44 916	50 320	47 017	13.5	15.1	14.1
2016	47 123	59 219	52 634	14.1	17.8	15.8
2017	49 506	70 535	58 639	14.9	21.2	17.6
2018	52 116	83 101	64 383	15.6	24.9	19.3
2019	54 987	96 746	70 187	16.5	29.0	21.1
2020	58 148	112 440	76 607	17.4	33.7	23.0

注：设家庭平均人口数为3

7 年内的预测值表明由 VAR1、VAR2 模型预测的结果要高于 AR 建模的预测值，这说明经济的增长、科教文卫的投资对可支配收入的增长有促进作用。

（四）基于收入预测值的住房购买力预测

根据前面购房抵押贷款中的假定：可支配月收入为 m 元，月还款额占家庭可支配月收入的比例为 w，贷款年限为 n 年，贷款年利率为 r，住宅的价格为每套 P 元，首付比率为 x。则由等额还款原理有

$$(1-x)\times P\times\left(1+\frac{r}{12}\right)^{12n}=wm\times\frac{\left(1+\frac{r}{12}\right)^{12n}-1}{\frac{r}{12}}$$

考虑到时间因素，上式可等价为

$$(1-x)P=\sum_{t=1}^{n}\sum_{u=1}^{12}w_j(t)m_j(t)\left(1+\frac{r}{12}\right)^{-12(t-1)-u},\quad j\in\Omega_2 \tag{5.16}$$

其中，Ω_2 为不同收入群体的集合。

则城镇居民静态购买力测算模型为

$$P_0=\left[\sum_{t=1}^{n}\sum_{u=1}^{12}w_jm_j\left(1+\frac{r}{12}\right)^{-12(t-1)-u}\right]\div\left[(1-x)\right],\quad j\in\Omega_2 \tag{5.17}$$

动态购买力测算模型为

$$P_t=\left[\sum_{t=1}^{n}\sum_{u=1}^{12}w_j(t)m_j(t)\left(1+\frac{r}{12}\right)^{-12(t-1)-u}\right]\div\left[(1-x)\right],\quad j\in\Omega_2 \tag{5.18}$$

其中，P_0、P_t 分别表示静态、动态住房购买力，其他变量意义同上。

根据表 5.18 测算出的平均家庭可支配收入预测结果，以及我国宏观经济发展实际情况，可以看出在 2014~2020 年，城镇居民动态住房购买力要大于静态购买力测算结果。

将城镇居民住房购买力进行现金流折现，则第一年各月份的还款现金流分别为

$$w_1m_1\left(1+\frac{r}{12}\right)^{12n-1}+w_1m_1\left(1+\frac{r}{12}\right)^{12n-2}+\cdots+w_1m_1\left(1+\frac{r}{12}\right)^{12n-12}$$

第二年各月份的还款现金流分别为

$$w_2m_2\left(1+\frac{r}{12}\right)^{12n-13}+w_2m_2\left(1+\frac{r}{12}\right)^{12n-14}+\cdots+w_2m_2\left(1+\frac{r}{12}\right)^{12(n-1)-12}$$

……

第 n 年各月份的还款现金流分别为

$$w_n m_n \left(1+\frac{r}{12}\right)^{12[n-(n-1)]-1} + w_n m_n \left(1+\frac{r}{12}\right)^{12[n-(n-1)]-2} + \cdots + w_n m_n \left(1+\frac{r}{12}\right)^{12n-12(n-1)-12}$$

假定2010年某平均收入水平购房家庭有购房意愿，首付款30%，贷款8年，其家庭可支配收入增长与平均收入增长相一致，如果月还款额占家庭可支配月收入的比例为 w（35%）、贷款利率（6.25%）不变，则由动态购买力模型和静态购买力模型测算的结果如图5.5所示。

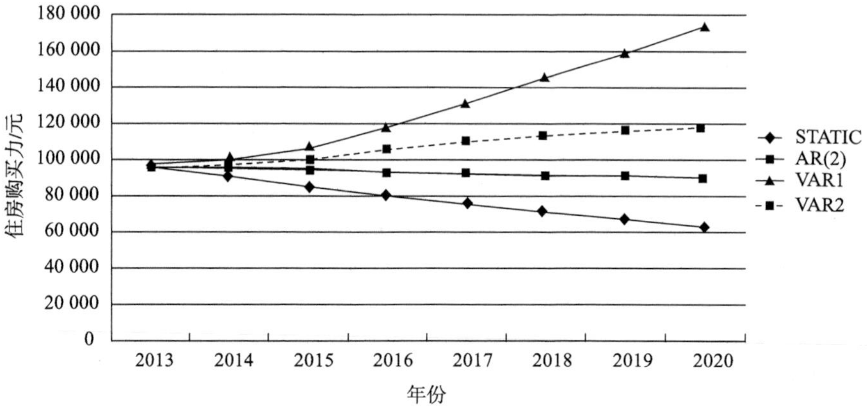

图5.5　静态、动态住房购买力比较

由图5.5可以看出，四条曲线的积分分别代表该家庭动态、静态住房购买力的测算值。静态住房可支付能力是指假设未来收入保持现在状态始终不变，但随着时间的推移，现金流折现递减，表明贷款时间的增加引起对银行付息的增加，实际用于住房价值还款部分值是在减少的。动态住房可支付能力是指假设收入随着经济增长等原因保持与平均可支配收入增长水平一致，则随着时间的推移，现金流折现递增，表明收入的增长不但抵消了利息因素，而且提高了实际住房购买能力。

无论是哪一种动态住房购买力，其测算值都要大于静态测算值。这说明，如果家庭收入增长速度与平均可支配收入增长水平一致，则每年住房可支付能力是在不断增长的，也表明未来几年内整个社会的住房购买能力是在不断提高的。

第三节　关于购买力测算模型的几点讨论与说明

本章动态购买力模型和第四章的静态购买力模型是在我国现住房价格、住房信贷的基础上，测算城镇居民可以支付的住房购买力的大小，并没有考虑到具体家庭财产对购买力的影响。如果考虑到家庭财产对住房购买力的影响，可以先将城镇居民划分为下面几种类型（设城镇住房自有率为 z ）。

（1）（$1-z$）×100%的城镇居民家庭是没有住房的，这部分家庭又分为三部分：①没有购买力；②有购房意愿正在观望；③有购买力而无购房意愿。

从收入结构来讲，这部分家庭的收入在每个收入区间（高、中高、中等、中低、低）上都存在，购买力模型的测算对于这部分居民家庭来说较为适合。

（2）z×100%的城镇居民家庭中将只拥有一套住房家庭的比例设为 θ_1；将拥有两套或者两套以上住房家庭的比例设为 θ_2。这部分已经有住房的家庭又分为三种情况：第一种是想改善居住环境（交通、位置、小孩上学等各种原因）而有购房意愿；第二种是打算再购房投资而有购房意愿；第三种是没有购房意愿。

考虑这部分人购房时，除了考虑其家庭工资收入外，还应该考虑到其固定资产值对住房购买力的影响。例如，对外出租一套自有住房，用租金还住房信贷的月还款额；或者出售一套房屋，将这部分资金投入二次购房的还款中，则这部分人的实际购买力有可能高于模型测算的住房购买力。因而对这部分人的测算应该有修正模型，即对收入的修正。

上述模型中采用的表示家庭收入的数据为《北京统计年鉴》中的家庭可支配收入，其中包括调查生活在一起的所有家庭成员在调查期间得到的工薪收入、经营净收入、财产性收入、转移性收入的总和，而财产性收入是指家庭拥有的动产（如银行存款、有价证券）、不动产（如房屋、车辆、土地、收藏品等）所获得的收入，包括出让财产使用权所得的利息、租金、专利收入，财产营运所获得的红利收入、财产增值收益等，实际上包括了这一项的修正。

如果能将家庭按可支配收入和所拥有住房数量细分，则分别建立的住房购买力模型更为科学精确。

此外，我国的统计指标标准和国际有差异。例如，国外以统计收入的中位数来代表某个水平的家庭收入，而在我国可以查到的数据中，却都以收入的平均值来代表家庭收入，这其中会有一定的差别。另外，计算住房自有率和住房私有率是应该按照面积来计算，还是应该按照住房的套数来计算，这些对模型的应用范围会有一定的影响。考虑我国部分家庭孩子购房时，父母会投入积蓄帮助其买房，如果将父母积蓄作为首付，该模型仍然适用；其他情况则提高了有效购买力。在实际购买力测算时应该考虑到这一点，这里我们测算的是各收入水平家庭平均有效购买力。

第四节 动态模型小结

在本章中提出了住房购买力动态测算模型，这两个动态模型基于不同的建模方法，测算的结果都表明动态要大于静态测算的结果。

第一个住房购买力动态测算模型考虑了时间的动态效应，即我国居民收入的增长性、消费结构的变动性，先建立了收入的预测模型，用微分方程建立了消费结构动态预测模型，然后通过对收入群体随机游走的假设，建立了城镇居民住房购买力动态测算模型，并用北京市 1990~2013 年城镇居民生活、消费的数据进行预测分析，再与静态居民住房购买力模型对比分析，其结果具有一定参考价值。第二个模型从定性的角度分析了影响收入的宏观因素与经济指标，并用北京市 1978~2013 年的数据进行了定量的分析，建立了预测城镇居民可支配收入的 VAR 模型，并在此基础上对北京市城镇居民动态住房购买力进行测算，与静态住房购买力测算的结果进行对比分析。

城镇居民动态住房购买力测算模型 1 弥补了静态城镇居民住房购买力测算模型的不足，并用北京市 1990~2013 年城镇居民生活、消费的数据为基础估算系数进行预测分析，与静态居民住房购买力模型进行对比，根据实证分析与对比的结果，得出如下结论与建议。

（1）无论是动态模型还是静态模型，测算的结果都表明北京市低收入家庭根本不具有住房购买力，政府应该监督廉租房政策的实施，切实保障该部分人的住房问题。

（2）对于非低收入家庭而言，动态住房购买力模型的测算结果一般都会比静态模型测算购买力值高。对预期收入提高的家庭采用差额还款的住房贷款，无疑会提高其住房购买力。通过该动态模型的分析结果可以帮助有住房贷款业务的金融机构为不同收入水平的家庭提供一个差额还款方案。

（3）从北京市城镇居民整体平均购买力的动态测算结果来看，动态住房购买力的测算值都要大于静态测算值，这表明，如果城镇居民家庭收入增长速度与平均可支配收入增长水平一致，则每年住房可支付能力是在不断增长的。由第一节的结论可以看出各收入水平家庭的增长速度是不一样的，有很大的差异性。

城镇居民动态住房购买力测算模型 2 计算结果表明：①在对城镇居民住房购买力进行评价时，一方面要考虑到国家经济发展的宏观形势、当前的收入水平，另一方面也要考虑到购买者的收入预期。②考虑住房购买力的动态测算模型的原因，确定了动态住房购买力测算值和静态住房购买力测算值之间的关系。③从北京市城镇居民整体平均购买力的动态测算结果来看，动态住房购买力的测算值都要大于静态测算值，这表明，如果城镇居民家庭收入增长速度与平均可支配收入增长水平一致，则每年住房可支付能力是在不断增长的。然而本章的预测结果并不能代表各收入水平家庭的情况，由模型 1 结论分析对比可以看出各收入水平家庭的增长速度是不一样的，有很大的差异性。

模型 2 中也有几点有待于改进的地方：一是该模型没有考虑到不同单位的住房补贴、住房公积金，由于这些数据无法统计，因而人们的实际住房购买力会大于预测值。二是该预测值只是以城镇平均收入、消费与国家宏观经济走向为依据做一个粗略的住房购买力预测，如果用城镇居民细分的数据对该模型进行修正，其结果将更为准确。

第六章　北京、上海、广州三城市居民住房可支付能力分析

住房可支付能力测算模型可以测算不同城市的住房可支付能力情况，也可以进行不同城市的住房可支付能力比较和分析，前面几章主要以北京市的数据为依据进行建模，本部分应用第四章的静态购买力测算模型分别测算、比较和分析北京、上海、广州三大城市城镇居民住房购买力情况。

第一节　北京市城镇居民住房可支付能力分析

北京市城镇居民住房购买力情况分析详见第四章 36~40 页。

第二节　上海市城镇居民住房可支付能力分析

一、数据来源

家庭收入数据来源于统计年鉴[①]，房价数据来源于房地产市场调研报告[②]，根据该报告，2015 年上海市普通商品住宅的期房市场交易平均价格为每平方米 21 501 元，2015 年上海市存量房市场交易的平均交易价格为每平方米 25 295 元。

① 上海市统计局，《2016 上海统计年鉴》。

② 上海市房地产行业协会，《2015 年上海市房地产市场调研报告》。

二、计算结果

同样令 $\varepsilon_j=0$ 为各阶层的隐性收入调整系数，可以得出上海 2015 年期房和存量房的 q 值，如表 6.1 和表 6.2 所示。

表 6.1　上海市 2015 年修正后期房的平均房价与各等级家庭年收入之比

家庭收入水平		平均收入	低收入	中低收入	中等收入	中高收入	高收入
家庭总收入/$(1+\varepsilon_j)$/元		149 601	63 259	103 109	136 360	178 209	291 827
期房平均单价/元		21 501	21 501	21 501	21 501	21 501	21 501
（房价家庭年收入比）× $(1+\varepsilon_j)$	房价收入比（80 平方米）$(q_1)_{1j}\times(1+\varepsilon_j)$	11.5	27.2	16.7	12.6	9.7	5.9
	房价收入比（120 平方米）$(q_1)_{2j}\times(1+\varepsilon_j)$	17.2	40.8	25.0	18.9	14.5	8.8
	房价收入比（140 平方米）$(q_1)_{3j}\times(1+\varepsilon_j)$	20.1	47.6	29.2	22.1	16.9	10.3
	房价收入比（160 平方米）$(q_1)_{4j}\times(1+\varepsilon_j)$	23.0	54.4	33.4	25.2	19.3	11.8

表 6.2　上海市 2015 年修正后存量房的平均房价与各等级家庭年收入之比

家庭收入水平		平均收入	低收入	中低收入	中等收入	中高收入	高收入
家庭总收入/$(1+\varepsilon_j)$/元		149 601	63 259	103 109	136 360	178 209	291 827
存量房平均单价/元		25 295	25 295	25 295	25 295	25 295	25 295
（房价家庭年收入比）× $(1+\varepsilon_j)$	房价收入比（60 平方米）$(q_2)_{1j}\times(1+\varepsilon_j)$	11.5	24.0	14.7	11.1	8.5	5.2
	房价收入比（80 平方米）$(q_2)_{2j}\times(1+\varepsilon_j)$	17.2	32.0	19.6	14.8	11.4	6.9
	房价收入比（120 平方米）$(q_2)_{3j}\times(1+\varepsilon_j)$	20.1	48.0	29.4	22.3	17.0	10.4

由 2015 年期房、存量房的面积和平均价格，可以计算出期房、存量房市场的平均价格为每平方米 23 840 元，如果按国际标准房价收入比区间为 $[3,6]$ 是合理的，则期房市场的合理房价收入比区间应该为 $[2.4,4.8]$，存量房的合理房价收入比区间应该为 $[3.4,6.8]$，此合理区间相应的隐性收入系数区间见表 6.3。

表 6.3　上海市 2015 年期房与存量房价格合理时相应的隐性收入系数区间表

家庭收入水平		全市平均	低收入	中低收入	中等收入	中高收入	高收入
期房住房消费和居民购买力相匹配时得出的隐性收入系数	住房面积（80 平方米）	[1.1，3.2]	[4.0，9.0]	[2.1，5.2]	[1.3，3.7]	[0.8，2.6]	[0.1，1.2]
	住房面积（120 平方米）	[2.2，5.4]	[6.5，14.1]	[3.6，8.2]	[2.5，6.0]	[1.7，4.4]	[0.6，2.3]
	住房面积（140 平方米）	[2.7，6.4]	[7.8，16.6]	[4.4，9.8]	[3.1，7.2]	[2.1，5.2]	[0.9，2.8]
	住房面积（160 平方米）	[3.2，7.5]	[9.0，19.1]	[5.2，11.3]	[3.7，8.3]	[2.6，6.1]	[1.2，3.4]
存量房住房消费和居民购买力相匹配时得出的隐性收入系数	住房面积（60 平方米）	[0.6，2.2]	[2.8，6.5]	[1.3，3.6]	[0.7，2.5]	[0.3，1.7]	[0.2，0.6]
	住房面积（80 平方米）	[1.1，3.2]	[4.0，9.0]	[2.1，5.2]	[1.3，3.7]	[0.8，2.6]	[0.1，1.2]
	住房面积（120 平方米）	[2.2，5.4]	[6.5，14.1]	[3.6，8.2]	[2.5，6.0]	[1.7，4.4]	[0.6，2.3]

三、结果分析

表 6.3 为双层的$(\boldsymbol{\varepsilon}_1)_{11}$矩阵，$i$=1，$k$=1，$j$=1，$2.4<q_1<4.8$时，$2.4<(\boldsymbol{\varepsilon}_1)_{11}<4.8$。从表 6.3 期房住房消费和居民购买力相匹配时的隐性收入系数可以看出：①如果上海市居民平均隐性收入系数$(\boldsymbol{\varepsilon}_1)_{11}\leqslant 3.2$，即房价收入比不会小于 2.4，则 80 平方米的期房住房市场不会供不应求，大于 80 平方米的期房住房市场更不会出现供不应求。②对于整个市场来说，即使是高收入者购买 80 平方米的期房也是需要隐性收入支撑的。③即使j=6（高收入者），其隐性收入系数也要在 1.2 以上才能购买 160 平方米的期房。④当j=2，3，4（低、中低、中等收入者），如果其隐性收入系数小于 1.3，即房价收入比大于 4.8，则整个市场的价格超出了j=2，3，4 收入水平家庭的购买能力。

i=2，k=1，j=1，$3.4<q_2<6.8$时，$3.4<(\boldsymbol{\varepsilon}_2)_{11}<6.8$。从表 6.3 存量住房消费和居民购买力相匹配时得出的隐性收入系数可以看出：①如果上海居民平均隐性收入系数$(\boldsymbol{\varepsilon}_2)_{11}\leqslant 2.2$，即房价收入比不会小于 6.8，则 60 平方米的存量房住房市场不会供不应求，大于 60 平方米的存量房住房市场更不会出现供不应求。②即使是最小面积 60 平方米的存量房，也只有高收入者才不需要隐性收入支撑。③即使j=6（高收入者），其隐性收入系数也要在 0.6 以上才能购买 160 平方米的期房。④当 j=2，3，4（低、中低、中等收入者），如果其隐性收入系数小于 0.7，即房价收入比大于 6.8，则整个市场的价格超出了 j=2，3，4 收入水平家庭的购买能力。

第三节　广州市城镇居民住房可支付能力分析

一、数据来源

家庭收入数据来源于统计年鉴①。房价数据来源于房地产市场发展研究报告②，根据该报告，2015 年广州市普通商品住宅的期房市场交易平均价格为每平方米 15 089 元，2015 年广州市存量房市场交易的平均交易价格为每平方米 13 262 元。

二、计算结果

同样令 $\varepsilon_j = 0$ 为各阶层的隐性收入调整系数，可以得出广州市 2015 年期房和存量房的 q 值，如表 6.4 和表 6.5 所示。

表 6.4　广州市 2015 年修正后期房的平均房价与各等级家庭年收入之比

家庭收入水平		平均收入	低收入	中低收入	中等收入	中高收入	高收入
家庭总收入$/\left(1+\varepsilon_j\right)$/元		140 204	79 111	111 576	135 688	167 343	242 230
期房平均单价/元		15 089	15 089	15 089	15 089	15 089	15 089
（房价家庭年收入比）×$\left(1+\varepsilon_j\right)$	房价收入比（80 平方米）$\left(q_1\right)_{1j}\times\left(1+\varepsilon_j\right)$	8.6	15.3	10.8	8.9	7.2	5.0
	房价收入比（120 平方米）$\left(q_1\right)_{2j}\times\left(1+\varepsilon_j\right)$	12.9	22.9	16.2	13.3	10.8	7.5
	房价收入比（140 平方米）$\left(q_1\right)_{3j}\times\left(1+\varepsilon_j\right)$	15.1	26.7	18.9	15.6	12.6	8.7
	房价收入比（160 平方米）$\left(q_1\right)_{4j}\times\left(1+\varepsilon_j\right)$	17.2	30.5	21.6	17.8	14.4	10.0

表 6.5　广州市 2015 年修正后存量房的平均房价与各等级家庭年收入之比

家庭收入水平	平均收入	低收入	中低收入	中等收入	中高收入	高收入
家庭总收入$/\left(1+\varepsilon_j\right)$/元	140 204	79 111	111 576	135 688	167 343	242 230
存量房平均单价/元	13 262	13 262	13 262	13 262	13 262	13 262

① 广州市统计局，《2016 广州统计年鉴》。

② 广州市房地产行业协会，《2015 年广州市房地产市场发展研究报告》。

续表

<table>
<tr><th colspan="2">家庭收入水平</th><th>平均收入</th><th>低收入</th><th>中低收入</th><th>中等收入</th><th>中高收入</th><th>高收入</th></tr>
<tr><td rowspan="3">（房价家庭年收入比）× $\left(1+\varepsilon_j\right)$</td><td>房价收入比（60 平方米）
$\left(q_2\right)_{1j}\times\left(1+\varepsilon_j\right)$</td><td>5.7</td><td>10.1</td><td>7.1</td><td>5.9</td><td>4.8</td><td>3.3</td></tr>
<tr><td>房价收入比（80 平方米）
$\left(q_2\right)_{2j}\times\left(1+\varepsilon_j\right)$</td><td>7.6</td><td>13.4</td><td>9.5</td><td>7.8</td><td>6.3</td><td>4.4</td></tr>
<tr><td>房价收入比（120 平方米）
$\left(q_2\right)_{3j}\times\left(1+\varepsilon_j\right)$</td><td>11.4</td><td>20.1</td><td>14.3</td><td>11.7</td><td>9.5</td><td>6.6</td></tr>
</table>

由 2015 年期房、存量房的面积和平均价格，可以计算出期房、存量房市场的平均价格为每平方米 14 372 元，如果按国际标准房价收入比区间为 $[3,6]$ 是合理的（曹振良，2003），期房市场的合理房价收入比区间应该为 $[3.3,6.6]$，存量房的合理房价收入比区间应该为 $[2.6,5.1]$，此合理区间相应的隐性收入系数区间见表 6.6。

表 6.6 广州市 2015 年期房与存量房价格合理时相应的隐性收入系数区间表

<table>
<tr><th colspan="2">家庭收入水平</th><th>全市平均</th><th>低收入</th><th>中低收入</th><th>中等收入</th><th>中高收入</th><th>高收入</th></tr>
<tr><td rowspan="4">期房住房消费和居民购买力相匹配时得出的隐性收入系数</td><td>住房面积（80 平方米）</td><td>[0.4，1.7]</td><td>[1.4，3.8]</td><td>[0.7，2.4]</td><td>[0.4，1.8]</td><td>[0.1，1.3]</td><td>[− 0.2，0.6]</td></tr>
<tr><td>住房面积（120 平方米）</td><td>[1.1，3.1]</td><td>[2.6，6.3]</td><td>[1.6，4.2]</td><td>[1.1，3.2]</td><td>[0.7，2.4]</td><td>[0.2，1.4]</td></tr>
<tr><td>住房面积（140 平方米）</td><td>[1.4，3.8]</td><td>[3.2，7.5]</td><td>[2.0，5.0]</td><td>[1.5，3.9]</td><td>[1.0，3.0]</td><td>[0.4，1.8]</td></tr>
<tr><td>住房面积（160 平方米）</td><td>[1.7，4.5]</td><td>[3.8，8.7]</td><td>[2.4，5.9]</td><td>[1.8，4.6]</td><td>[1.3，3.6]</td><td>[0.6，2.2]</td></tr>
<tr><td rowspan="3">存量房住房消费和居民购买力相匹配时得出的隐性收入系数</td><td>住房面积（60 平方米）</td><td>[0.0，1.1]</td><td>[0.8，2.6]</td><td>[0.3，1.6]</td><td>[0.1，1.1]</td><td>[− 0.1，0.7]</td><td>[− 0.4，0.2]</td></tr>
<tr><td>住房面积（80 平方米）</td><td>[0.4，1.7]</td><td>[1.4，3.8]</td><td>[0.7，2.4]</td><td>[0.4，1.8]</td><td>[0.1，1.3]</td><td>[− 0.2，0.6]</td></tr>
<tr><td>住房面积（120 平方米）</td><td>[1.1，3.1]</td><td>[2.6，6.3]</td><td>[1.6，4.2]</td><td>[1.1，3.2]</td><td>[0.7，2.4]</td><td>[0.2，1.4]</td></tr>
</table>

三、结果分析

表 6.6 为双层的 $\left(\boldsymbol{\varepsilon}_1\right)_{11}$ 矩阵，i=1，k=1，j=1，$3.3<q_1<6.6$ 时，$3.3<\left(\boldsymbol{\varepsilon}_1\right)_{11}<6.6$。从表 6.6 期房住房消费和居民购买力相匹配时的隐性收入系数可以看出：①如果广州居民平均隐性收入系数 $\left(\boldsymbol{\varepsilon}_1\right)_{11}\leqslant 1.7$，即房价收入比不会小于 3.3，则 80 平方米的期房住房市场不会供不应求，大于 80 平方米的期房住房市场更不会出现供不应求。②对于整个市场来说，只有高收入者购买 80 平方米的期房是不需要隐性收入支撑的。③即使 j=6（高收入者），其隐性收入系数也要在 0.6 以上才能购买

160平方米的期房。④当j=2，3，4（低、中低、中等收入者），如果其隐性收入系数小于0.4，即房价收入比大于6.6，则整个市场的价格超出了j=2，3，4收入水平家庭的购买能力。

i=2，k=1，j=1，$2.6 < q_2 < 5.1$时，$2.6 < (\varepsilon_2)_{11} < 5.1$。从表6.6存量住房消费和居民购买力相匹配时得出隐性收入系数可以看出：①如果广州居民平均隐性收入系数$(\varepsilon_2)_{11} \leqslant 1.1$，即房价收入比不会小于2.6，则60平方米的存量房住房市场不会供不应求，大于60平方米的存量房住房市场更不会出现供不应求。②即使是最小面积60平方米的存量房，也只有中高收入以上者才不需要隐性收入支撑。③即使j=6（高收入者），其隐性收入系数也要在0.2以上才能购买160平方米的期房。④当j=2，3，4（低、中低、中等收入者）时，如果其隐性收入系数小于0.1，即房价收入比大于5.1，则整个市场的价格超出了j=2，3，4收入水平家庭的购买能力。

第四节　北京、上海、广州三城市城镇居民住房可支付能力对比分析

本部分选取中国排名前三的一线城市北京、上海、广州[①]为研究对象，在单独分析各城市城镇居民与住房购买力相匹配的隐性收入区间后，将三个城市进行横向比较。

一、三城市房价分析

2015年，三个城市的期房、存量房均价如表6.7和图6.1所示。

表6.7　北上广2015年期房与存量房均价表（单位：元/米^2）

城市＼房价	期房均价	存量房均价
北京	24 550	38 147
上海	21 501	25 295
广州	15 089	13 262

2015年，三个城市的期房、存量房均价均为北京>上海>广州。其中，期房和存量房均价相比，除广州存量房均价略低外，其余两个城市存量房价格均高于期房价格。

① 华顿经济研究院（原“上海经济发展研究所”），“2016年中国百强城市排行榜”。

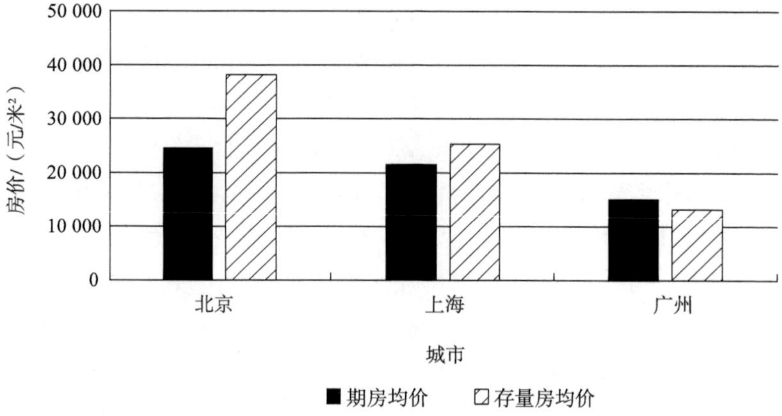

图 6.1　2015 年北上广期房/存量房均价对比

二、从隐性收入区间看城市居民住房可支付能力

这里的隐性收入区间并不是指真实存在的隐性收入区间，而是指如果各收入阶层的住房可支付能力与房价相匹配时，这个区间的取值范围，具体解释和计算方式参见第四章。

2015 年，三个城市的城镇居民隐性收入区间如表 6.8 和图 6.2 所示。

表 6.8　北上广 2015 年城市居民隐性收入区间表

城市＼上下限	期房下限	期房上限	存量房下限	存量房上限
北京	2.3	4.5	3.5	7.0
上海	2.4	4.8	3.4	6.8
广州	3.3	6.6	2.6	5.1

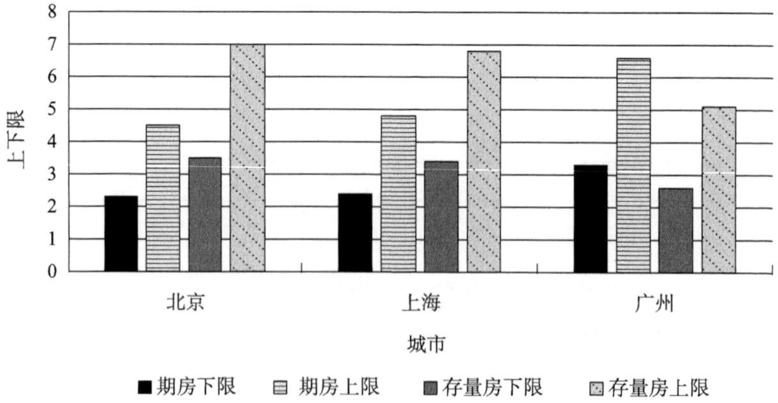

图 6.2　2015 年北上广城市居民隐性收入区间

结论：三个城市期房可支付能力所匹配的隐性收入区间的上、下限均为北京<上海<广州，而存量房可支付能力所匹配的隐性收入区间的上下限则相反，为北京>上海>广州。这也就形成了北京、上海均为期房可支付能力所匹配的隐性收入水平高于存量房，而广州则相反的结果。

分析：北京的期房和存量房可支付能力所匹配的隐性收入水平相差最大，原因在于北京存量房房价比期房房价上涨幅度大。2005~2015 年，北京期房价格上涨了 2.6 倍，而存量房价格上涨了 6.3 倍。这可能是由于北京城内可用于新建居民住宅的土地越来越少，北京的期房市场趋向于量少、价高、远郊化，2008~2015 年，北京五环内的商品房成交面积占比逐年减少[①]。2015 年，期房成交量排名前五的都非主城区，五环以外成为主力成交区[②]。而主城区房源的需求没有减小，因此存量房市场的需求增大，存量房价格上涨。而广州则相反，由于新区发展的加快，新开工面积增加，但即便如此，仍旧呈现中心区域新建商品房供应乏力的情况[③]，因此广州期房、存量房所匹配的隐性收入系数大小关系与北京相反。

三、不同收入水平期房/存量房可支付能力隐性收入系数分析

一般而言，住房困难问题集中在低收入、中低收入或者中等收入群体家庭中，可支付的住房面积有限，这里选择北京、上海、广州 80 平方米期房和存量房对应的最低隐性收入系数，并对其进行比较分析（表 6.9 和图 6.3，表 6.10 和图 6.4）。

表 6.9　北上广 2015 年 80 平方米期房最低隐性收入系数比较

城市 \ 收入水平	低收入	中等收入	高收入
北京	5.0	2.3	0.8
上海	6.5	2.5	0.6
广州	1.4	0.4	−0.2

表 6.10　北上广 2015 年 80 平方米存量房最低隐性收入系数比较

城市 \ 收入水平	低收入	中等收入	高收入
北京	3.5	1.5	0.4
上海	2.8	0.7	−0.2
广州	0.8	0.1	−0.4

① CREIS（China Real Estate Index System，即中国房地产指数系统）中指数据，http://creis.fang.com/?cn=049EACE271E8FE53&en=049EACE271E8FE53。

② 北京市住房和城市建设委员会，http://www.bjjs.gov.cn/。

③ 广州市房地产行业协会，《2015 年广州市房地产市场发展研究报告》。

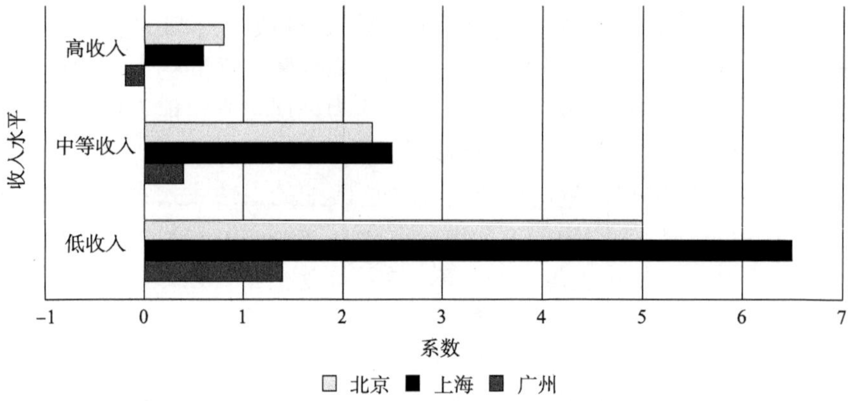

图 6.3　2015 年北上广 80 平方米期房最低隐性收入系数

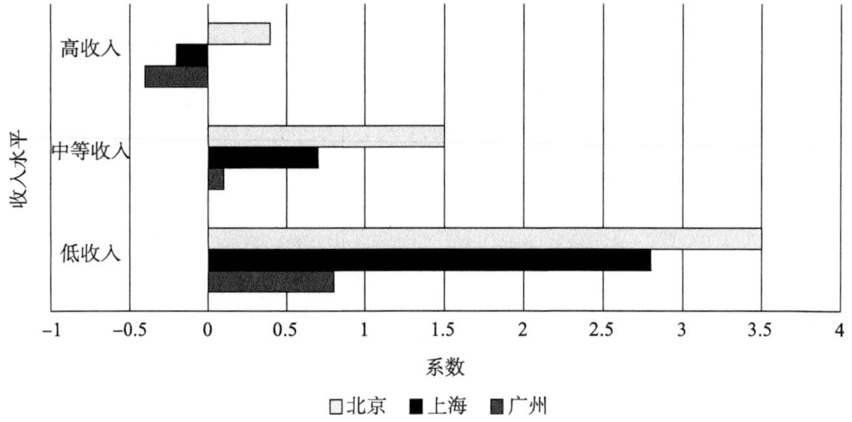

图 6.4　2015 年北上广 80 平方米存量房最低隐性收入系数

易知，住房可支付能力所匹配的隐性收入系数随收入水平的增加而下降。由上述图表可得出如下结论。

（1）对于 80 平方米期房，仅有广州市的高收入者不需要隐性收入就有能力购买，其余城市的所有收入水平家庭购买该类住房都需要隐性收入作为支撑。对于高收入水平，所需的隐性收入系数为北京>上海>广州；对于中等收入水平和低收入水平，上海>北京>广州。

分析：上海期房所匹配的隐性收入系数最大，原因在于上海的期房价格涨幅最大，而职工收入与北京和广州持平。2015 年，上海期房价格相对于 2014 年增长 18.2%，北京涨幅为 10.4%，广州涨幅为 9.2%。而北上广三个城市的在岗职工平均工资涨幅为 9.4%、8.6%、9.3%[①]。

① 国家统计局，http://www.stats.gov.cn/。

（2）对于80平方米存量房，仅有上海市和广州市的高收入者不需要隐性收入就有能力购买。对于所有收入水平，所需的隐性收入系数皆为北京>上海>广州。

分析：对于住宅市场，如果房屋交易以二手房交易为主，其所占比重超过了期房交易，则认为该城市已经开始进入存量房交易时代。因此，中国现在四个一线城市——北京、上海、广州、深圳，其二手房交易量已经超过新房，可以说一线城市已经进入存量房交易时代，而北京进入存量房交易时代程度更深。

第七章　我国大中城市居民住房购买力分析

本章利用我国35个大中城市2004~2015年的城镇住房价格数据、城镇居民家庭收入数据，通过计算住房购买力、可支付住房面积、房价收入比等相关指标，分析我国大中城镇家庭住房购买力概况，比较不同城市城镇居民住房购买力的相似性和差异性。

第一节　我国35个大中城市住房可支付能力概况

该部分研究所涉及的指标主要是城镇居民人均可支配收入和住宅商品房平均销售价格，其中城镇居民人均可支配收入的数据来源如下：2004~2011年数据来源于中国经济与社会发展统计数据库；2012~2015 年数据来源于各市国民经济与社会发展统计公报；住宅商品房平均销售价格（元/米^2）的数据来源于国家统计局。

假设每户人口数为3，平均住房面积为80平方米，则可以得到2004~2015年我国35个大中城市房价收入比的计算值，如表7.1所示。

表7.1　2004~2015年我国35个大中城市房价收入比

城市	2004年	2005年	2006年	2007年	2008年	2009年	2010年	2011年	2012年	2013年	2014年	2015年
深圳	8.6	8.7	10.5	14.3	12.8	13.1	15.6	15.4	12.4	14.0	15.7	20.1
厦门	7.0	7.7	9.5	11.0	10.0	9.1	10.6	10.7	9.2	9.4	12.0	11.8
北京	8.1	9.3	9.8	12.9	12.6	13.2	15.7	12.6	12.1	11.8	11.2	11.3
上海	9.2	9.6	9.1	9.3	8.1	11.4	12.0	10.0	9.2	9.8	9.2	10.8
广州	6.9	7.4	8.3	10.0	9.2	8.7	9.2	8.5	8.4	8.8	8.4	8.7
福州	5.7	6.2	7.4	7.8	7.3	8.3	9.0	9.8	9.7	8.4	8.3	8.6

续表

城市	2004 年	2005 年	2006 年	2007 年	2008 年	2009 年	2010 年	2011 年	2012 年	2013 年	2014 年	2015 年
杭州	7.1	8.8	8.4	9.1	9.1	10.5	12.7	10.0	9.4	10.0	8.4	8.1
天津	6.9	8.4	8.7	9.1	7.7	8.2	8.7	8.5	7.2	6.9	7.5	7.8
石家庄	4.7	4.5	4.7	4.8	4.7	5.9	5.6	5.7	5.5	5.2	5.7	7.4
海口	6.6	6.9	6.7	7.4	8.4	9.3	12.9	9.0	7.8	8.0	7.5	7.1
太原	6.7	7.4	7.2	6.9	6.6	7.7	11.0	8.6	7.6	7.4	7.4	7.0
南京	7.1	6.8	6.5	6.6	5.5	7.2	8.7	7.0	7.1	7.4	6.9	6.5
大连	7.6	8.0	8.5	9.6	8.6	8.7	8.5	8.7	7.3	6.9	7.1	6.5
合肥	7.0	7.7	7.0	6.3	5.9	6.4	7.7	6.7	6.0	5.8	6.3	6.3
郑州	5.6	5.8	5.9	6.3	6.0	6.2	6.3	5.6	6.2	6.6	6.0	6.2
武汉	6.9	7.3	7.6	8.4	7.5	7.5	7.1	7.5	6.8	6.5	5.9	6.2
宁波	5.1	6.9	6.9	7.3	7.2	8.8	10.3	8.8	8.0	7.3	6.6	6.1
兰州	7.2	7.3	7.1	7.6	7.0	7.3	7.7	7.1	7.8	7.1	6.8	6.0
南昌	7.4	6.5	7.2	7.1	5.9	5.9	6.3	6.8	6.6	6.8	5.7	5.8
长春	6.3	6.0	5.7	6.5	5.9	6.6	7.6	7.8	6.1	5.9	5.7	5.8
南宁	6.9	6.3	6.5	6.7	6.6	7.2	7.3	6.7	6.6	6.6	6.0	5.7
青岛	6.6	7.4	7.0	7.6	6.2	6.4	6.8	6.7	6.3	6.0	5.0	5.6
哈尔滨	6.6	6.3	5.9	6.1	6.4	7.0	7.9	6.9	6.1	6.2	5.3	5.3
成都	5.7	6.7	7.3	7.5	7.5	7.0	7.5	7.1	6.5	6.0	5.3	5.2
乌鲁木齐	5.4	5.3	5.2	5.9	6.6	6.7	7.9	8.2	7.6	7.5	6.5	5.2
济南	6.3	5.9	5.8	5.5	5.3	5.6	6.4	6.2	5.4	5.2	4.9	5.0
西安	7.5	7.4	7.5	6.8	6.7	6.0	6.3	7.3	5.5	5.2	4.5	5.0
昆明	7.1	7.0	6.7	6.6	6.4	5.8	4.8	5.5	5.7	5.3	4.5	4.9
重庆	4.5	4.9	4.8	5.5	4.9	5.5	6.1	5.9	5.6	5.5	5.4	4.9
西宁	5.4	5.5	5.5	5.8	6.3	5.8	6.1	5.8	6.5	6.0	6.0	4.9
贵阳	4.9	4.8	5.1	5.5	5.5	6.2	6.8	6.3	5.5	5.1	5.2	4.9
银川	6.4	6.1	5.8	4.9	4.8	5.5	5.6	5.4	5.1	5.1	4.7	4.8
沈阳	8.5	8.0	7.3	6.5	6.0	6.1	6.6	6.4	6.0	5.6	4.9	4.7
长沙	4.3	4.5	4.7	5.4	4.7	4.7	5.1	5.5	4.9	4.6	4.0	3.7
呼和浩特	3.8	3.4	4.1	3.9	3.3	3.9	3.9	3.8	3.9	3.5	4.3	3.5

从文献研究和前面的分析可以看出，由于数据来源和计算方式不同，房价收入比大小会有所差异，合理性区间也有待商榷，所以只关注数值本身的准确和大小有一定的局限性，但是分析趋势却有着重要的价值。从表 7.1 可以看出，2004~2015 年我国大中城市的房价收入比受到政策和市场的双重影响，在一定范围内波动，各个城市的房价收入比波动范围不同，但北京、深圳、上海、厦门、

广州等城市的房价收入比数值一直在全国前列，说明这些城市中无房的城镇居民家庭购房压力大。从分析可以看出，2005 年和 2006 年部分城市居民购房能力较强、购房压力小；2006 年起至 2009 年部分城镇居民的购房压力增大，但有逐年回落趋势，因为在该时间段内，国家及各地区在不同程度上利用住房政策对住房价格进行了调控；2010~2012 年、2013~2015 年又是一轮市场与住房可支付能力的波动。此外，从全国水平看部分城市房价收入比有所下降，说明近年来我国出台的各项房地产行业调控措施起到了一定作用；北京的住房房价收入比波动较大；深圳上升幅度比较大；部分城市如贵阳、长沙、呼和浩特等的波动较小。

根据人均可支配收入数据，假设每户人口数是 3 人，首付为 30%，贷款利率是 4.59%，贷款 30 年，月还款为可支配收入的 50%，则可以计算出不同城市城镇家庭平均收入群体的住房购买力，如表 7.2 所示。

表 7.2　我国 35 个大中城市平均收入城镇家庭的住房购买力（单位：万元）

城市	2004 年	2005 年	2006 年	2007 年	2008 年	2009 年	2010 年	2011 年	2012 年	2013 年	2014 年	2015 年
北京	55	62	70	77	86	93	101	115	127	141	153	184
天津	40	44	50	57	68	75	85	94	103	113	110	119
石家庄	30	35	40	46	53	58	64	72	80	88	91	98
太原	33	37	41	48	53	54	60	70	79	84	90	97
呼和浩特	35	42	49	59	71	78	88	101	114	124	111	130
沈阳	31	35	41	51	59	64	72	81	92	101	111	128
大连	36	42	47	53	61	66	74	85	96	105	117	125
长春	31	35	40	45	52	57	63	71	80	90	95	102
哈尔滨	31	35	39	45	51	55	61	70	78	88	100	108
上海	58	65	72	82	93	101	111	126	140	153	166	185
南京	40	52	61	71	81	89	99	112	127	139	148	161
杭州	51	58	66	76	84	94	105	119	131	137	156	168
宁波	55	61	69	78	88	95	105	119	132	146	154	167
合肥	30	34	38	47	54	60	66	78	89	98	102	112
福州	40	44	50	58	67	72	81	91	103	113	113	122
厦门	50	57	65	75	84	91	102	117	131	144	138	149
南昌	30	36	39	46	53	57	64	72	82	91	101	111
济南	42	47	53	63	73	79	88	101	114	124	135	139
青岛	39	45	53	62	71	78	87	100	112	123	147	141
郑州	33	38	43	49	56	61	68	78	85	93	101	108
武汉	33	38	43	50	58	64	73	83	94	104	116	127
长沙	38	43	48	55	62	71	80	92	106	117	128	139
广州	59	64	69	78	88	96	107	120	133	147	163	150

续表

城市	2004年	2005年	2006年	2007年	2008年	2009年	2010年	2011年	2012年	2013年	2014年	2015年
深圳	69	75	79	87	93	102	113	127	142	156	143	156
南宁	33	35	38	45	52	58	63	70	79	87	94	102
海口	31	34	37	43	49	53	58	69	78	85	93	100
重庆	32	36	40	44	50	55	61	71	80	88	88	95
成都	36	40	45	52	59	65	73	83	95	105	114	117
贵阳	31	35	39	45	48	52	58	68	76	82	87	95
昆明	32	33	38	42	51	58	66	77	88	99	126	136
西安	30	34	38	44	52	58	64	74	105	115	126	116
兰州	27	30	33	36	41	45	49	56	64	72	80	94
西宁	27	29	33	37	42	45	49	55	61	68	74	88
银川	28	31	35	42	50	55	60	68	76	83	81	88
乌鲁木齐	31	33	36	40	43	46	50	56	64	72	83	110

从表7.2可以看出，随着我国35个大中城市城镇居民家庭的人均可支配收入的增长，2004~2015年35个大中城市城镇居民家庭的住房购买力都呈上升趋势，上海、北京、杭州、宁波、南京、深圳、广州、厦门、青岛等城市居于前列。虽然近年来我国人均可支配收入有所增长，但房价也在增长，导致各城市城镇居民家庭住房购买力增加，但是城镇居民可支付能力并没有实质的提高。表7.3分别对35个大中城市居民家庭的住房购买力从大到小进行了排序；同时根据住宅商品房平均销售价格来计算可购买的面积，表7.4对35个大中城市的可购买面积从大到小进行了排序。

表7.3　我国35个大中城市住房购买力排序表

排序	2004年	2005年	2006年	2007年	2008年	2009年	2010年	2011年	2012年	2013年	2014年	2015年
1	深圳	深圳	深圳	深圳	深圳	深圳	深圳	深圳	深圳	深圳	上海	上海
2	广州	上海	上海	上海	上海	上海	上海	上海	上海	上海	广州	北京
3	上海	广州	北京	广州	广州	广州	广州	广州	广州	广州	杭州	杭州
4	宁波	北京	广州	宁波	宁波	宁波	宁波	杭州	宁波	宁波	北京	宁波
5	北京	宁波	宁波	北京	北京	杭州	杭州	宁波	厦门	厦门	宁波	南京
6	杭州	杭州	杭州	杭州	杭州	北京	厦门	厦门	杭州	北京	南京	深圳
7	厦门	厦门	厦门	厦门	厦门	厦门	北京	北京	北京	南京	青岛	广州
8	济南	南京	南京	南京	南京	南京	南京	南京	南京	杭州	深圳	厦门
9	南京	济南	济南	济南	济南	济南	济南	济南	呼和浩特	济南	厦门	青岛

续表

排序	2004 年	2005 年	2006 年	2007 年	2008 年	2009 年	2010 年	2011 年	2012 年	2013 年	2014 年	2015 年
10	福州	青岛	青岛	青岛	青岛	呼和浩特	呼和浩特	呼和浩特	济南	呼和浩特	济南	长沙
11	天津	福州	福州	呼和浩特	呼和浩特	青岛	青岛	青岛	青岛	青岛	长沙	济南
12	青岛	天津	天津	福州	天津	天津	天津	天津	长沙	长沙	昆明	昆明
13	长沙	长沙	呼和浩特	天津	福州	福州	福州	长沙	西安	西安	西安	呼和浩特
14	成都	呼和浩特	长沙	长沙	长沙	长沙	长沙	福州	天津	天津	大连	沈阳
15	大连	大连	大连	大连	大连	大连	大连	大连	福州	福州	武汉	武汉
16	呼和浩特	成都	成都	成都	沈阳	成都	成都	成都	大连	大连	成都	大连
17	武汉	郑州	武汉	沈阳	成都	沈阳	武汉	武汉	成都	成都	福州	福州
18	南宁	武汉	郑州	武汉	武汉	武汉	沈阳	沈阳	武汉	武汉	呼和浩特	天津
19	郑州	太原	太原	郑州	郑州	郑州	郑州	郑州	沈阳	沈阳	沈阳	成都
20	太原	南昌	沈阳	太原	合肥	合肥	合肥	合肥	合肥	昆明	天津	西安
21	重庆	重庆	重庆	合肥	太原	石家庄	昆明	昆明	昆明	合肥	合肥	合肥
22	昆明	沈阳	石家庄	南昌	南昌	西安	西安	西安	郑州	郑州	郑州	南昌
23	贵阳	南宁	长春	石家庄	石家庄	南宁	石家庄	南昌	南昌	南昌	南昌	乌鲁木齐
24	海口	哈尔滨	南昌	南宁	西安	昆明	南昌	石家庄	石家庄	长春	哈尔滨	郑州
25	乌鲁木齐	长春	哈尔滨	长春	长春	南昌	南宁	长春	长春	石家庄	长春	哈尔滨
26	哈尔滨	石家庄	贵阳	贵阳	南宁	长春	长春	重庆	重庆	重庆	南宁	长春
27	沈阳	贵阳	合肥	哈尔滨	哈尔滨	哈尔滨	哈尔滨	太原	太原	哈尔滨	海口	南宁
28	长春	海口	南宁	西安	昆明	重庆	重庆	哈尔滨	南宁	南宁	石家庄	海口
29	南昌	合肥	西安	重庆	银川	银川	太原	南宁	哈尔滨	海口	太原	石家庄
30	石家庄	西安	昆明	海口	重庆	太原	银川	海口	海口	太原	重庆	太原
31	合肥	乌鲁木齐	海口	银川	海口	海口	海口	银川	银川	银川	贵阳	贵阳
32	西安	昆明	乌鲁木齐	昆明	贵阳	贵阳	贵阳	贵阳	贵阳	贵阳	乌鲁木齐	重庆
33	银川	银川	银川	乌鲁木齐	乌鲁木齐	乌鲁木齐	乌鲁木齐	乌鲁木齐	兰州	乌鲁木齐	银川	兰州
34	兰州	兰州	兰州	西宁	西宁	西宁	西宁	兰州	乌鲁木齐	兰州	兰州	西宁
35	西宁	西宁	西宁	兰州	兰州	兰州	兰州	西宁	西宁	西宁	西宁	银川

表 7.4　我国 35 个大中城市城镇居民平均收入家庭可购买面积排序表

排序	2004 年	2005 年	2006 年	2007 年	2008 年	2009 年	2010 年	2011 年	2012 年	2013 年	2014 年	2015 年
1	呼和浩特	呼和浩特	呼和浩特	呼和浩特	呼和浩特	呼和浩特	呼和浩特	呼和浩特	呼和浩特	呼和浩特	长沙	呼和浩特
2	长沙	长沙	石家庄	石家庄	石家庄	长沙	昆明	银川	长沙	长沙	呼和浩特	长沙
3	重庆	石家庄	长沙	银川	长沙	银川	长沙	昆明	银川	银川	昆明	沈阳
4	石家庄	贵阳	重庆	长沙	银川	重庆	石家庄	长沙	济南	贵阳	西安	银川
5	贵阳	重庆	贵阳	贵阳	重庆	济南	银川	郑州	石家庄	西安	银川	贵阳
6	宁波	乌鲁木齐	乌鲁木齐	重庆	济南	昆明	西宁	石家庄	贵阳	石家庄	济南	西宁
7	乌鲁木齐	西宁	西宁	济南	贵阳	西宁	重庆	西宁	西安	济南	沈阳	重庆
8	西宁	郑州	长春	西宁	南京	南昌	西安	重庆	重庆	昆明	青岛	昆明
9	郑州	济南	济南	乌鲁木齐	合肥	石家庄	南昌	济南	昆明	重庆	贵阳	西安
10	福州	长春	银川	哈尔滨	南昌	西安	郑州	贵阳	合肥	沈阳	哈尔滨	济南
11	成都	银川	郑州	合肥	长春	沈阳	济南	沈阳	沈阳	合肥	成都	乌鲁木齐
12	济南	福州	哈尔滨	郑州	郑州	贵阳	沈阳	合肥	哈尔滨	长春	重庆	成都
13	长春	哈尔滨	南京	沈阳	沈阳	郑州	贵阳	南宁	长春	成都	石家庄	哈尔滨
14	银川	南宁	南宁	长春	青岛	合肥	青岛	青岛	郑州	西宁	南昌	青岛
15	海口	南昌	海口	南京	西宁	青岛	武汉	南昌	青岛	青岛	长春	南宁
16	青岛	成都	昆明	昆明	哈尔滨	长春	南宁	哈尔滨	西宁	哈尔滨	武汉	长春
17	哈尔滨	南京	宁波	南宁	昆明	乌鲁木齐	成都	南京	成都	武汉	南宁	南昌
18	太原	宁波	合肥	西安	太原	成都	长春	兰州	南宁	郑州	西宁	兰州
19	天津	海口	青岛	太原	乌鲁木齐	哈尔滨	合肥	成都	南昌	南宁	郑州	宁波
20	武汉	昆明	兰州	南昌	南宁	南宁	兰州	西安	武汉	南昌	合肥	武汉
21	广州	兰州	太原	宁波	西安	南京	哈尔滨	武汉	南京	天津	乌鲁木齐	郑州
22	南宁	武汉	南昌	海口	兰州	兰州	乌鲁木齐	长春	天津	大连	宁波	合肥
23	厦门	广州	沈阳	成都	宁波	武汉	大连	乌鲁木齐	大连	兰州	兰州	大连
24	合肥	太原	成都	兰州	福州	太原	南京	广州	太原	宁波	南京	南京
25	杭州	青岛	福州	青岛	武汉	天津	天津	天津	乌鲁木齐	南京	大连	太原
26	南京	西安	西安	福州	成都	福州	福州	太原	海口	太原	太原	海口

续表

排序	2004 年	2005 年	2006 年	2007 年	2008 年	2009 年	2010 年	2011 年	2012 年	2013 年	2014 年	2015 年
27	昆明	合肥	武汉	武汉	天津	大连	广州	大连	兰州	乌鲁木齐	天津	石家庄
28	兰州	厦门	广州	天津	上海	广州	宁波	宁波	宁波	海口	海口	天津
29	南昌	大连	杭州	杭州	海口	宁波	厦门	海口	广州	福州	福州	杭州
30	西安	沈阳	大连	上海	大连	厦门	太原	福州	厦门	广州	杭州	福州
31	大连	天津	天津	大连	杭州	海口	上海	杭州	上海	厦门	广州	广州
32	北京	深圳	上海	广州	广州	杭州	杭州	上海	杭州	上海	上海	上海
33	沈阳	杭州	厦门	厦门	厦门	上海	海口	厦门	福州	杭州	北京	北京
34	深圳	北京	北京	北京	北京	深圳	深圳	北京	北京	北京	厦门	厦门
35	上海	上海	深圳	深圳	深圳	北京	北京	深圳	深圳	深圳	深圳	深圳

我国35个大中城市住房购买力排序表是以该城市城镇居民家庭的平均收入作为基础数据进行计算得出的；而我国35个大中城市城镇居民平均收入家庭可购买面积排序表是以该城市城镇居民家庭的平均收入、该城市的平均房价作为基础数据进行计算得出的。在此只给了排序，并没有列出实际数据。

从微观视角而言，居民生活中会考虑到孩子上学的学区、上班工作的远近，以及居住环境等因素，理想住所的房价离平均房价相差了很远，对于具体家庭而言住房可支付能力仍然受限。

第二节　结　论

本章利用2004~2015年的数据分析了我国35个大中城市居民购房能力，主要有以下结论。

第一，经济相对发达城市的居民购房能力具有相似性。从表 7.4 的排名上看，经济相对发达的城市排名都较为靠后，它们具有相似的经济特征，社会基础设施更为完善，更多的就业机会吸引着更多的外来人口，人口的膨胀导致房价的上涨，而收入增长的速度赶不上房价上涨的速度，导致居民的购房能力较差。

第二，一线城市居民购房能力具有相似性与差异性。由于资源的集中，一线城市的房价上升幅度大，一方面导致一线城市城镇居民购房能力较弱；另一方面一线城市购房环境存在着优化的可能。

第三，我国大中城市居民购房能力的区域特征明显。整体表现为我国东部和南部城市的居民购房能力具有相似性，北部和西南部居民购房能力具有相似性，这种相似性与人居环境的优劣关系较为密切，东部沿海城市和南部城市的人居环境较好，经济较为发达，吸引着越来越多的人口，导致购房压力增大。

第四，我国大中城市居民购房能力在 2004~2015 年可以划分为几个阶段。居民购房能力表现出一定的周期性，我国的房地产行业调控措施有一定的效果，在一段时间内确实能够影响居民的购房能力。

第五，居民购房能力与经济发达程度关系密切。可以看出经济发达城市的居民购房能力较弱，虽然这些城市的人均可支配收入较高，但更高的房价导致居民的购房能力偏弱。因居民购房能力与经济水平的关系，可以看到部分城市经济发展较有潜力。

参考文献

曹振良. 2003. 房地产经济学通论. 北京：北京大学出版社.

陈年红，宋昭猛. 2000. 我国居民收入增长趋势预测. 数量经济技术经济研究，（4）：36-38.

成思危. 1999. 中国城镇住房制度改革：目标模式与实施难点. 北京：民主与建设出版社.

成思危. 2008. 中国住房制度改革与社会经济发展. 中国党政干部论坛，（3）：7-10.

耿媛元，刘洪玉. 1999. 住房支付能力分析. 建筑经济，（7）：39-41.

古扎拉蒂 D N. 2005. 计量经济学基础. 第四版. 费剑平，孙春霞译. 北京：中国人民大学出版社.

郭戬，方幼君，朱邦耀. 2007. 房价收入比指标因子的选择研究. 安徽农业科学，35（19）：5967-5968.

杭斌，申春兰. 2004. 经济转型中消费与收入的长期均衡关系和短期动态关系——中国城镇居民消费行为的实证分析. 管理世界，（5）：25-32.

郝前进，周仁. 2008. 住房可支付能力的多维评判标准. 中国房地产，（9）：13-15.

何宜庆. 1994. 九十年代江西省城乡居民收入与消费结构预测与分析. 南昌大学学报：理科版，18（3）：288-294.

宏观经济研究院经济和社会发展研究所课题组. 2004. 中等收入者的概念和划分标准. 宏观经济研究，（5）：53-55.

洪涛，靳玉超. 2014. 中国居民住房支付能力测度及影响因素分析. 哈尔滨工业大学学报：社会科学版，（1）：117-121.

胡晓龙，王雪珍. 2012. 大城市夹心层群体租房可支付能力分析——基于“剩余收入法”. 社会科学家，（10）：63-65.

李爱华，宿洁. 2010. 基于 ELES 的保障性住房价格研究. 第十二届中国管理科学学术年会论文.

李爱华，成思危，李自然. 2006. 城镇居民住房购买力研究. 管理科学学报，9（5）：8-17.

李爱华，石勇，朱梅红. 2008. 动态住房购买力测算模型及实证分析. 中国管理科学，（s1）：157-163.

李博洋. 2005. 我国住房金融模式研究. 首都经济贸易大学硕士学位论文.

李进涛，谭术魁，汪文雄. 2009. 国外住房可支付能力研究概要. 城市问题，（5）：7-13.

李伟. 2004. 从另一种角度计算房价收入比. 统计与信息论坛，19（4）：92-93.

刘琳. 2007. 如何度量城镇居民家庭住房支付能力（二）. 中国投资，（5）：14.

刘琳，郑思齐. 2005. 居民住房支付能力评价指标比较与分析. 宏观经济研究，（5）：35-37.
米勒斯 M E，贝伦斯 G，韦斯 M A. 2003. 房地产开发：原理与程序. 刘洪玉，等译. 北京：中信出版社.
沈久沄. 2006. 对房价收入比科学涵义的再探讨. 中央财经大学学报，（6）：75-79.
施建刚，颜君. 2015. 基于 HAQ 模型的城镇居民住房支付能力研究. 系统工程理论与实践，35（9）：2221-2231.
塔克 I B. 2004. 现代宏观经济学. 第二版. 秦熠群译. 北京：中信出版社.
王延龙，宋永发，许传斌. 2006. 用可负担能力指数分析我国城镇居民购房负担能力. 现代城市研究，21（2）：33-36.
王梓坤. 1978. 随机过程论. 北京：科学出版社.
闻潜. 2005. 消费启动与收入增长分解机制. 北京：中国财政经济出版社.
夏刚，任宏，杨莉琼. 2008. 城市不同收入家庭住房支付能力研究. 建筑经济，（8）：50-54.
向肃一，龙奋杰. 2007. 中国城市居民住房支付能力研究. 城市发展研究，14（2）：29-33.
杨文武. 2003. 房价收入比指标研究. 统计研究，20（1）：47-49.
尹恒，龚六堂，邹恒甫. 2002. 当代收入分配理论的新发展. 经济研究，（8）：18-27.
张红. 2009. 房地产经济学讲义. 北京：清华大学出版社.
赵奉军，高波，骆祖春. 2011. 支付能力、金融支持与住房供给双轨制. 江海学刊，（3）：67-73，238.
曾宪龄，孙永杰. 1999. 省级经济计量模型的建立与预测分析. 东北大学学报：自然科学版，20（5）：544-547.
郑睿祺，刘洪玉. 2002. 房价收入比的性质与合理取值范围. 中国房地产，（8）：34-36.
周仁，郝前进，陈杰. 2010. 剩余收入法、供需不匹配性与住房可支付能力的衡量——基于上海的考察. 世界经济文汇，（1）：39-49.
Abelson P. 2009. Affordable housing：concepts and policies. Economic Papers：A Journal of Applied Economics and Policy，28：27-38.
Baker E，Mason K，Bentley R. 2015. Measuring housing affordability：a longitudinal approach. Urban Policy and Research，33：275-290.
Beer A，Kearins B，Pieters H. 2007. Housing affordability and planning in Australia：the challenge of policy under neo-liberalism. Housing Studies，22：11-24.
Bentley R J，Pevalin D，Baker E，et al. 2016. Housing affordability，tenure and mental health in Australia and the United Kingdom：a comparative panel analysis. Housing Studies，31：208-222.
Boamah N A. 2010. Housing affordability in Ghana：a focus on Kumasi and Tamale. Ethiopian Journal of Environmental Studies and Management，3（3）：1-2.
Bramley G. 1992. Homeownership affordability in England. Housing Policy Debate，2：143-182.

Bramley G. 2012. Affordability，poverty and housing need：triangulating measures and standards. Journal of Housing and The Built Environment，27：133-151.

Burke T，Ralston L. 2004. Measuring housing affordability. Centre for Urban & Regional Studies，16：45-47.

Collinson R. 2011. Rental housing affordability dynamics，1990—2009. Cityscape，13（2）：71-103.

Fingleton B. 2008. Housing supply，housing demand，and affordability. Urban Studies，45：1545-1563.

Fisher L M，Pollakowski H O，Zabel J. 2009. Amenity-based housing affordability indexes. Real Estate Economics，37：705-746.

Freeman A，Chaplin R，Whitehead C. 1997. Rental affordability：a review of international literature. Department of Land Economy，University of Cambridge Discussion Paper.

Galor O，Zeira J. 1999. Income distribution and macroeconomics. Review of Economic Studies，（60）：35-52.

Gan Q，Hill R J. 2009. Measuring housing affordability：looking beyond the median. Journal of Housing Economics，18：115-125.

Haffner M E，Boumeester H J. 2010. The affordability of housing in the Netherlands：an increasing income gap between renting and owning? Housing Studies，25：799-820.

Hancock K E. 1993. "Can pay? Won't pay? " or economic principles of "affordability" . Urban Studies，30：127-145.

Harkness J，Newman S J. 2005. Housing affordability and children's well-being：evidence from the national survey of america's families. Housing Policy Debate，16：223-255.

Hegedüs J，Rogozhina N，Somogyi E，et al. 2004. Potential effects of subsidy programmes on housing affordability：the cases of budapest and moscow. International Journal of Housing Policy，4：151-184.

Ho M H，Chiu R L. 2002. Impact of accessibility on housing expenditure and affordability in Hong Kong's private rental sector. Journal of Housing and the Built Environment，17：363-383.

Hulchanski J D. 1995. The concept of housing affordability：six contemporary uses of the housing expenditure-to-income ratio. Housing Studies，10：471-491.

Kim K H. 1993. Housing prices，affordability，and government policy in Korea. The Journal of Real Estate Finance and Economics，6：55-71.

Kosareva N，Tumanov A. 2008. Assessing housing affordability in Russia. Problems of Economic Transition，50：6-29.

Kutty N K. 2005. A new measure of housing affordability：estimates and analytical results. Housing Policy Debate，16：113-142.

Lau K M, Li S M. 2006. Commercial housing affordability in Beijing, 1992—2002. Habitat International, 30: 614-627.

Law D, Meehan L. 2013. Housing affordability in New Zealand: evidence from household surveys. Treasury Working Paper.

Lluch C, Williams R. 1975. Consumer demand systems and aggregate consumption in the USA: an application of the extended linear expenditure system. Canadian Journal of Economics, 8 (1): 49-66.

Matsuyama K. 2000. Endogenous inequality. The Review of Economic Studies, 67: 743-759.

Miles M E, Institute U L. 2007. Real estate development: principles and process. Development, 128: 3843-3853.

Mimura Y. 2008. Housing cost burden, poverty status, and economic hardship among low-income families. Journal of Family and Economic Issues, 29: 152-165.

Minchenko M, Nozdrina N. 2017. The dynamics of housing affordability for the population of Russia in 2008—2014. Studies on Russian Economic Development, 28: 191-203.

Moore E, Skaburskis A. 2004. Canada's increasing housing affordability burdens. Housing Studies, 19: 395-413.

Nelson A C, Pendall R, Dawkins C J, et al. 2002. The Link Between Growth Management and Housing Affordability: The Academic Evidence. Washington: Eburg Press.

Newman S J, Holupka C S. 2014. Housing affordability and investments in children. Journal of Housing Economics, 24: 89-100.

Pollack C E, Griffin B A, Lynch J. 2010. Housing affordability and health among homeowners and renters. American Journal of Preventive Medicine, 39: 515-521.

Rea W, Yuen J, Engeland J, et al. 2008. The dynamics of housing affordability. Perspectives on Labour and Income, 20: 37.

Revington N, Townsend C. 2016. Market rental housing affordability and rapid transit catchments: application of a new measure in Canada. Housing Policy Debate, 26: 864-886.

Robinson M, Scobie G M, Hallinan B. 2006. Affordability of housing: concepts, measurement and evidence. Treasury Working Paper.

Rogozhina N. 2004. Potential effects of subsidy programmes on housing affordability: the cases of budapest and moscow. International Journal of Housing Policy, 4: 151-184.

Smith D A. 1999. Mark-to-market: a fundamental shift in affordable housing policy. Housing Policy Debate, 10: 143-182.

Stone M E. 1990. One-third of a Nation: A New Look at Housing Affordability in America. Washington: Economic Policy Institute.

Stone M E. 2006a. What is housing affordability? The case for the residual income approach. Housing

Policy Debate，17：151-184.

Stone M E. 2006b. A housing affordability standard for the UK. Housing Studies，21：453-476.

Stone R. 1954. Linear expenditure systems and demand analysis：an application to the pattern of British demand. The Economic Journal，64：511-527.

Suhaida M，Tawil N M，Hamzah N，et al. 2011. Housing affordability：a conceptual overview for house price index. Procedia Engineering，20：346-353.

Thalmann P. 1999. Identifying households which need housing assistance. Urban Studies，36：1933-1947.

Whitehead C M E，Freeman A，Chaplin R. 1997. A review of international literature on rental affordability. Madrid：Las Ediciones de la Piqueta.

Yamada Y. 1999. Affordability crises in housing in Britain and Japan. Housing Studies，14：99-110.